ドジャー・ブルーの風

野茂英雄

集英社文庫

目次

第2章

第3章　メジャーで通用する選手の条件

第4章　96年、野茂の夢

この本は、雑誌「Ｂａｒｔ」に連載された「野茂英雄、大リーグ・トルネード戦記」と「メジャー・ブルーの風」を再構成し、「江夏豊vs.二宮清純」を加えた形で、一九九六年四月に集英社より上梓された単行本『ドジャー・ブルーの風』を、九七年八月に文庫化したものの新装版です。
文庫化にあたり、本文中の選手名には九七年八月時点の所属球団を付し、巻末に「野茂英雄、96年メジャー全成績」を収録しています。

初出
「Ｂａｒｔ」一九九五年No.12〜九六年No.9

写真／ヨシ大原
橋本雅司

ドジャー・ブルーの風

序にかえて～ベロビーチで会おう、そして……

「今シーズンはよくやってくれた。家族にもお礼を言っておいてください」

昨年（1995年）のディビジョナル・シリーズでレッズに3連敗した日の夜、僕らは飛行機でロサンゼルスに戻りました。その機内でラソーダ監督は、僕に、そう声をかけてくれたのです。長いシーズンの締めくくりに、彼は僕だけでなく選手全員にひとりずつ声をかけていました。

ラソーダ監督にはいろいろと気にかけてもらい、随分、大切にしてもらったと思っています。心から感謝しています。シーズン中、僕は監督室に時々呼ばれました。そして世間話をしながらパスタをご馳走《ちそう》になりました。

ドジャー・スタジアムの監督室には、いつもイタリア料理店からパスタが届けられることになっているようで、ラソーダ監督は毎日、パスタを食べている。何度か監督室に呼ばれ一緒にパスタを食べましたが、味もなかなかのものだったと思います。

そういえば、こんなことがありました。あれは8月27日。フィラデルフィアのベテランズ・スタジアムのフィリーズ戦で、初回にジェフリーズに2ランを打たれるなど、3回を投げて6安打7失点と、メッタ打ちされた試合の2日後のことでした。

いつもなら僕だけが呼ばれて、パスタをご馳走になるのに、その時は通訳の奥村《おくむら》さんも一緒に呼ばれたので、僕は緊張して監督の部屋のドアをノックしました。

これは何か大事な話があるのかな、と。

でも、そんな心配をよそにラソーダ監督は、監督室に入った僕らにいつものようにパスタをすすめながら、こう声をかけてくれたのです。

「何か問題があるんじゃないか。悩みがあるなら話してほしい」

何のことはない。心配していたのはラソーダ監督のほうだったのです。その頃、チームは熾烈《しれつ》な首位争いを繰り広げていました。そんな中、僕は2試合続けて負け投手になっていました。だから、気にかけてくれたのでしょう。

「オレは選手たちのマネージャーだから、グラウンドだけを管理するんじゃなくて、私生活も面倒を見てやりたいんだ」と言うのです。

「みんなファミリーとして見ているし、何か助けてあげられることがあったら、助けてあげたい。だから、もし悩みがあるんだったら言ってくれ」とも。

でも、その時の僕には本当に悩みがなかったので「ないです」としか答えようがありません。

ラソーダ監督は、それでも僕にいろいろ尋ねてくれました。異常なほどのマスコミ攻勢はあったし、異様なくらいにファンも盛り上がっていた時期だったので気になったのでしょう。それに関して何か問題があるのではないか、とラソーダ監督は言うんです。

僕は、たとえそれが彼の取り越し苦労だったとしても、これほどまでに親身になってくれる監督の下で働けることを、心の底から幸せに思いました。そして、ひとつだけ日頃から僕が不満に思っていることを彼に伝えました。

これは、もう以前から悲しく思っていたことなのですが、ファンにするサインのこと。子供たちに求められてサインをしても、それが高い値をつけて売られてしまっているんです。

「せっかくサインをしても金儲《かねもう》けの道具として使われてしまう。彼らが本当のファンでないことはわかっているけれど、どうしても釈然としないんです」と、僕は訴えました。

するとラソーダ監督は苦い微笑みを浮かべて、パスタを口に運びながら言いました。

「わかるが気にするな。それはほかの選手も、みんな思っていることだ」

ラソーダ監督はそれで少し安心したのか、パスタを食べ終わった僕らを笑顔で送り出してくれました。話は、それだけ。本当に、ただそれだけの些細《ささい》な出来事でした。

でも僕にとっては、決して忘れることのできない出来事です。

彼がドジャースの選手みんなのことを「私の息子《むすこ》だ」と繰り返すのは、それが本心だったからなんです。本当に僕らのことを、父親のような気持ちで見守ってくれているからこその発言だったんです。そのことを確認できただけでも、清々《すがすが》しい気分になりました。

ラソーダ監督は、チームのひとりひとりに本当によく気を配っています。

〝選手あってこその監督だ。選手が活躍しやすいような環境を作ることがオレの仕事だ〟というラソーダ監督の考え方に、僕は心から敬意を表します。そして、このコミュニケーションから育まれた信頼関係こそが、僕が昨年活躍できた大きな要因であることは間違いありません。

思えば、僕が最初のベロビーチで汗とドロにまみれている時は、メジャー・リーグはストライキの真っ最中でした。それから、1ヵ月遅れの開幕の知らせが届いた時には、僕はまだマイナーの一選手にすぎなくて、常に実力を試されているような毎日でした。

メジャーで投げたい——いつも希望を胸に抱いて野球漬けの日々を送っていましたが、〝初めはマイナーでもしょうがないか〟という思いが、その胸をよぎったことも何度かあります。

だから、あの頃のことを思えば、昨年はとにかくメジャーのマウンドに立てたという喜びだけで心がいっぱいでした。シーズンを通してメジャーで投げられたことに対して、言いようのない満足感がわき上がってきたのを、今でも昨日のことのように覚えています。

プレーオフが終わった夜、ロサンゼルスに帰る機内では、チームのみんなが握手をしながら口々に言っていました。

「またベロビーチで会おう」——

試合に負けた後のロッカールームでは、めちゃくちゃ暗かった仲間たちが次のシーズンでの雪辱を期して、そして再会を誓って抱き合ったのです。

僕もチームメートひとりひとりに誓いました。

「またベロビーチで……。そして来年こそはワールドシリーズに」

あれから半年がたちました。

僕は仲間と交わした約束どおりに、2月14日にベロビーチに戻ってきました。約1年ぶりに訪れたベロビーチは、変わらずに僕を温かく迎えてくれました。

離れていた仲間たちとも再会することができて、ホントに楽しかったキャンプ。

昨年痛めていた肩の調子も申し分なく、今年はメジャーから始められたということもあって精神的にも余裕をもって、万全のキャンプを送ることができました。

そしてユニフォームの肩には、「ドジャー・スタジアム35周年」のワッペン。

この記念の年に仲間たちと交わした、もうひとつの約束を果たせるよう、僕は毎日、このお気に入りのワッペンを見つめて、心を新たにしています。

この本が発売される頃には、もう僕の2年目の挑戦は始まっていると思いますが、言うまでもなく僕の思いはひとつです。

「今年こそはワールドシリーズに！」――みなさん応援してください。

第1章

総括メジャー・リーグ1年目

ドジャース、ついに優勝！

とにかく、こういうゲームは勝ちさえすればいい。

いつにも増して勝つことが最優先される。だから完投できなくても、まったく悔いはない。いつもそうするように相手チームの打線を1番から9番まで順に思い浮かべ、ただ0点に抑えることだけを考えてマウンドに向かいました。

1995年9月30日、サンディエゴ・ジャック・マーフィー・スタジアムでのパドレス戦。優勝のかかった試合での先発でしたが、僕の気持ちは冷静でした。

本当のことを言えば、バルデスが投げた前日に優勝を決めてほしかった。あの日、僕は絶対に優勝するものだと思って、ウキウキしながらひと足早くサンディエゴ市内のホテルに帰ったんです。翌日の先発でしたから。

そして優勝したら、誰かから〝帰れコール〟がかかってくるはずだと……。早く球場に戻ってシャンパンかけをするために、その電話を心待ちにしていたんです。

ところが、試合は6対5で逆転負け。

で、僕に優勝を決める試合の先発がまわってきたわけです。

残り試合2で「マジック1」という状況での、このパドレス戦は、勝てたことはもちろん、僕自身にとっても納得のいくピッチングができた試合でした。

特に嬉《うれ》しかったのは7回、1対1の場面で飛びだしたモンデシーのホームラン。彼は前日の試合をケガで退場しているのに、まさに援護射撃という感じがして、どれだけ勇気づけられたことか。そのホームランを呼んだウォラックのライトへのエンタイトル・ツーベース。足の負傷をおして出場を続けるベテランに対しても同じ思いでした。

さらに8回、ピアザの2ランホームランによる追い打ち。その裏、パドレスの攻撃が1点に終わった時点で〝これで優勝できる〟と確信しました。

そしてウォーレルにマウンドを託した後、僕は急いでアンダーシャツを着替え、アイシングもせずにベンチに戻りました。身も心もワクワクして、何だか都市対抗の代表が決まった試合のことを思い出していました。〝ああ、あの時もこんな雰囲気だったな〟と。

僕がイメージする理想の優勝シーン。それは『僕のトルネード戦記』でも書いたとおり、映画『メジャーリーグ』のラストシーンです。

優勝が決まる世紀の一戦の舞台は、大きくて美しいスタジアム。スタンドにはびっしりと詰めかけた観客たち。ボルテージが上がりっぱなしの舞台で、ひとりひとりのチームメートたちが、ひとつずつ見せ場を作りながら最終回へ。

そして、観客の盛り上がりが頂点に達した時、劇的なサヨナラ勝ちで勝負が決まる。近鉄《きんてつ》時代から、ずっと僕は、このラストシーンに憧れ続けてきました。

優勝――。僕は結局、プロでのその感激を日本で味わうことはできませんでした。社会人の時に都市対抗の大阪《おおさか》地区予選で優勝を経験。その時は、会社の寮の広間みたいなところで、限られた本数のビールを仲間と空けたのですが、それでも感激はありました。

そして〝こんな、こぢんまりとしたビールかけでも感動できるんだから、プロの優勝はきっともっといいものなんだろうな〟と……。

そう思ってプロ入りしたのですが、優勝はいつも西武《せいぶ》にさらわれていました。僕は、彼らが笑顔でビールかけをしながら、はしゃいでいるシーンを見ると居ても立ってもいられなかった。

とにかく優勝したい。その思いがメジャー・リーグ1年目にして現実のものとなったのです。舞台はホームのドジャー・スタジアムではありませんでした。劇的なサヨナラ勝ちでもなかった。でも、体感できた優勝は、イメージしていた理想のシーンよりも、はるかに感動的でした。

シーズン後半、9月に入ってからベンチのムードは特によかったんです。

憧れ続けてきた優勝。その感動は想像よりも大きかった。

チームリーダーとして一番よく声をかけていたのは、やはりピアザとキャロス。

「もうオレたちは以前のオレたちとは違うんだ。やれる、絶対に勝てる、絶対に勝とう」

4年前のルーキー・シーズンで最下位という屈辱を経験しているキャロスが叫べば、ピアザが応えます。

「プレーオフには一生、出場できない選手もいるんだ。だから、その栄誉をなんとしても、このチャンスに勝ち取ろう」

チームにベテラン選手がいたことも心強かった。僕が初ヒットを打った時に、大好きな寿司を奢《おご》ってくれたウォラックがいる。95年、開幕前にメッツにトレードされながら、シーズン途中でドジャースに復帰した、チームを知り尽くした男バトラーもいる。それに投手陣の心の支え、キャンディオッティも。

彼らは自分たちが前面に出るのではなく、若きチームリーダーたちを頼もしそうに見つめながら、経験の浅い選手をさりげなくサポートしてくれるんです。

若手だって負けてはいません。

シーズン中に納得のいくプレーができないとロッカーを叩《たた》き壊して暴れたモンデシーが、優勝決定の試合で勝ち越しのホームランを打ちました。僕にスペイン語と英語の混じった言葉で話しかけてくるバルデスも、持ち前の明るさでムードメーカーになっている。フォンビルもレギュラーを手中にして燃えている。

これほどベテラン、中堅、若手が一体となっているチームだったからこそ優勝できたのだと思います。昨年のドジャースは僕にとって『メジャーリーグ』のインディアンス以上に個性にあふれながら、まとまった素晴らしいチームでした。

また、僕を陰で支えてくれたゼネラル・マネージャーのフレッド・クレアーやトム・ラソーダ監督が喜ぶ顔も見ることができた。僕がドジャースに入団するきっかけとなったピーター・オマリー会長の笑顔にも触れることができた。

近鉄時代には、したくてもできなかったので、優勝できたことの喜びは、言葉では表せないほど大きなものでした。それに優勝はこれまで黙って僕についてきてくれた家族に対しても、最高のプレゼントになったと思うんです。

僕が入団する前年、つまり89年の近鉄のV旅行はさんざんだったそうです。1年間苦労して優勝して、現地に行ってみたらホテルが予約されてなかったとか、オプショナル・ツアーとか言って無理矢理バスに乗せられ、観光をさせられたとか、小遣いは1日100ドルという制限つきだったとか。僕は直接は知りませんが、選手の中には「優勝のプレゼントがこれじゃあ……」と言って嘆いている人もいたそうです。

寂しい話ですよね。偉い人から裏方の人まで含めて、みんなで盛り上がれるのが優勝のいいところなのに……。

ひとりの力ではなく、みんなで勝ち取るのが優勝ですから、球団も選手も同じ気持ちで喜び合うものなのです。だからこそ地区優勝をチームのみんなで喜び合えたことは僕の誇りです。

メジャーで投げられただけでも満足なのに優勝（ナ・リーグ西地区）まで味わえて、ホントにアメリカに来てよかったと思いました。球場を出た後も、体じゅうに喜びが残っていました。

初めてのシャンパン・ファイトの印象ですか？　ウ〜ン、ホントは仲間たちと、じっくり喜びを分かち合いたかった。シャンパンかけが始まって5分もするとマスコミが入ってきたので邪魔になったというか……。まっ、いいんですけどね。こういう喜びっていうのは、シーズンを通して戦ってきた選手同士でやりたいものなんです。

ペナントレースも押し迫ってきたあたりから、優勝の夢を語る野茂《のも》の言葉には自然と熱がこもっていった。

「みなさん勘違いしてるんですよ。僕がこれほど優勝に憧れているのは、今まで優勝したことがないからではなくて、社会人時代に小さな優勝を経験しているからなんです。だからこそプロで、もっと大きな優勝を手に入れたい。仲間たちと心から喜びを分かち合いたいと思うんです」——

野茂は新日鉄《しんにってつ》堺《さかい》での3年目に大阪の都市対抗第1代表となっている。

近鉄時代は、投手タイトルをほしいままにしていた野茂だが、個人表彰の喜びとチームメート全員で味わう喜びでは、感激の度合いも全然違ったということなのだろう。

逆に言えば、ドジャースにはともに喜び合える仲間がいるからこそ、これほどまでに優勝に固執していたのだ。

優勝決定直後に、こんなシーンがあった。

最後のアウトとなるセカンドフライをキャッチしたデシールズ（現セントルイス・カージナルス）が、ウィニングボールを野茂に手渡したのだ。そして彼は言った。

「誰に渡そうかと思ったけど、ふさわしいのは、やっぱり野茂だね。それは今日の試合に限ったことではなくて、今シーズンの彼の功績を考えても受け取るのは彼であるべきさ」

シャンパン片手に大はしゃぎする野茂の姿は、無邪気な野球少年そのものだった。それは単身、海を渡り、一騎当千のメジャー・リーガー相手に命懸けの闘いを演じてきた男に、神が与えた、ささやかなる報酬のようにも見えた。

そしてシャンパン・ファイトが終わってからも、仲間からの「NOMO！　NO

MO!」のシュプレヒコールが止むことはなかった。（解説・二宮清純《にのみやせいじゅん》　以下同）

ロン・ガントのひと言

シャンパン・ファイトの3日後に始まった、シンシナティ・レッズとのディビジョナル・シリーズ第3戦。10月6日、チームが2連敗した後、僕はドジャースのスターターとしてリバーフロント・スタジアムのマウンドに立っていました。

でも5イニング⅔を投げて3点を取られて降板（自責点は5）。

そりゃ悔しかったですよ。めちゃ悔しかった……。シリーズの流れを断ち切るためには、いくら走られてもいいけれど、最初の失点だけは防がなければならない。それだけを考えてマウンドに立っていたんですから。

3回表のロン・ガント（現セントルイス・カージナルス）の先制2ラン、すごい迫力だったですね。もう、やられた！　って感じ。まさか、あそこまで飛ばされてしまうとは……。

打たれたボールはちょっと中寄りのストレート。記者会見では「グッドボール」と言いましたけど、あれだけ完璧に打たれたということは、やはり甘かったんでしょうね。

僕は試合で投げたその夜は、目がさえてしまって眠れないんです。自分の投げた1球

1球が頭の中のスクリーンに甦《よみがえ》ってきて、〝なぜ、あそこに投げてしまったのか〟とか〝冷静に考えれば、ほかにも攻め方があったんじゃないか〟と、自然に反芻《はんすう》してしまう。悪かったボールをそのまま放置するんじゃなく、きちんと訂正しておくんです。

この習慣は、社会人時代からのもの。

先輩から「野球は考えてやらなきゃダメだ」と言われて……。それからです。小さかった視野がだんだん大きくなって、今みたいにできるようになったのは。

だから一応、記者会見の時には「相手のほうが上でした」と答えたとしても、実際には、自分の生きたボールを打たれるというのは、ものすごく悔しい。ホンネの部分では、絶対に「相手のほうが上」とは思いたくない。自分の投げたボールが悪かったんだと。

失投はもちろん悔しいけど、打たれてしまったら、たとえグッドボールであっても悔しさは同じ。それがピッチャーという生き物なんだと思います。相手ウンヌンより、とにかく自分に対して納得がいかないんです。

レッズ戦に負けた後、僕は帰りのバスの中で、ガントとブレット・ブーンの2本の特大ホームランについて反省しました。その内容については、具体的には言えませんが、要は、あのボールしか選択肢がなかったのか、ということです。この失敗は今後のピッチングの糧にしなければいけません。この夜に考えたことは、幾度となくパートナーのピアザと話し合うことで、おそらく今年のピッチングに生かされていくと思います。

ところで、この試合の記者会見の後、感動的なことがありました。僕は、特大の先制ホームランを打ったロン・ガントに握手を求められたんです。

彼はこう言いました。

「キミがいてくれたおかげで（スト明けの）野球界は盛り上がったんだ。メジャー・リーグを助けてくれてありがとう」

これには胸がジーンとしました。こんなことを素直に言える野球選手ってホントにカッコイイですよね。さすがはメジャー・リーガーだなと。

日本の球界の中に、はたしてそれだけ野球界のことを真剣に考えている選手がいるのだろうか？　もし、いたとしても、はたしてそれを素直に口に出して言えるだろうか？

僕自身、ガントからそんなことを言われるなんて思ってもみなかったので、素直に感動して手を握り返してしまいました。メジャー・リーグ1年目の最後の試合で、忘れられない素晴らしい思い出ができました。

「メジャー・リーグはキミに救われたよ。ありがとう」

レッズの主砲ロン・ガントからそう言って握手を求められた野茂は、最初、ちょっぴり驚いたような素振りを示したが、言葉の意味が理解できた瞬間、満面の笑みを浮かべた。

「サンキュー」

低いが、よく通る声で野茂は礼を口にし、差し出された右手を力強く握り返した。記者会見場、すれ違いざまの一瞬の出来事である。

アメリカ人ジャーナリストを前に、ガントは続けた。

「アメリカのベースボール・プレーヤーたちは皆、ヒデオ・ノモに対して感謝の気持ちでいっぱいなんだ。その気持ちを僕が代表して伝えただけさ。彼の活躍がなかったら、（スト明けの）メジャー・リーグは、もっと寂しいものになっていたはずだよ」

敗者をねぎらう、これ以上の言葉はないだろう。そばで聞いていたこちらの胸にもジーンと響くものがあった。

本人も振り返ったように、そのガントの特大2ランを含む3点を早々と献上し、野茂は6回途中でマウンドを降りた。背水の陣で臨んだディビジョナル・シリーズ3戦目、野茂はロサンゼルス・ドジャースの切り札としてマウンドに上がったが、知将デービー・ジョンソン監督率いるシンシナティ・レッズの勢いを止めることはできなかった。

オハイオ川の河口に位置する敵地、リバーフロント・スタジアム。大ブーイングを背に受けてマウンドに上がった野茂だが、降板してダッグアウトに引き下がる際には、嵐のようなスタンディング・オベーションが待ち受けていた。

敵地のファンも、野茂の1年間の奮闘をねぎらう心境はガントと同じだったのだろう。

地元紙のベテラン記者は、

「ここで長い間、野球を見ているが、相手チームの選手にも惜しみない拍手が送られたのは、あのハンク・アーロンがベーブ・ルースの記録に並ぶ714本目のホームランを打ち込んだ日以来じゃないかな」

と、懐かしそうにつぶやき、こう続けた。

「ヒデオ・ノモはメジャーの救世主だよ」

7月11日のオールスターゲームの後でも、同様の光景が繰り広げられた。砂漠に照りつける灼熱《しやくねつ》の太陽が西に傾きかけた頃、野茂は万雷の拍手を浴びて、テキサス・レンジャーズの本拠地、ザ・ボールパーク・イン・アーリントンのマウンドに上がり、フランク・トーマス（シカゴ・ホワイトソックス）、アルバート・ベル（当時クリーブランド・インディアンス。現シカゴ・ホワイトソックス）をはじめとするア・リーグの名だたる強打者を力でねじ伏せた。

取材が終わって球場を出ると、ガランとなった駐車場に少年たちが群がっていた。彼らは日本人の記者を見かけると「ノーモ！」と叫んでトルネード投法を演じるのだ。

やがて少年の群れは30人前後にふくれ上がり、駐車場は「トルネード投法コンテスト」の即席会場に早変わりした。

それは遠い少年の日、長嶋茂雄《ながしましげお》に憧れてスナップスローの右手をひらひらさせたり、王貞治《おうさだはる》気取りで一本足でバットを振ったことを想起させる『フィールド・オブ・ドリームス』の原風景であった。

忘れられないメジャー初登板

半年間に及ぶ長かったシーズンについて振り返ってみようと思います。

「あなたにとって一番印象に残っているゲームは何か？」

シーズンを終えて日本に帰ってからも、よく聞かれました。

僕の答えは、いつも同じです。

それは5月2日。キャンドルスティック・パークでのサンフランシスコ・ジャイアンツ戦。そう、僕がメジャー初登板した試合なんです。

じつをいうと、渡米した当初、僕はマイナーからのスタートを覚悟していました。ストライキでメジャー・リーグが開幕するかどうかさえわからなかったので、１年くらいはマイナーでも仕方ないと思っていた。

キャンプからずっと褒められることが多かったけれども、逆にそれがリップサービスのように思えて、〝本当なのかな〟と疑ってみたりもしました。

何しろオープン戦に入ってからも、先発ローテーション候補は、僕を入れて7人もいたんですから。しかも、その中の3人、マルチネスとキャンディオッティとアスタシオは、すでにメジャーでも実績を上げている。

僕のような何の実績もないピッチャーは、とにかく結果を出すしかないので、もう毎日毎日が必死でした。

「何とか彼らに続く4番目、5番目の先発ピッチャーには食い込みたい。でも、それがダメだったらマイナーから始めて、そこで結果を残してメジャーに昇格するしかない」

——それが偽らざる心境でした。

それだけに4月30日にメジャー契約を交わした時には、〝これでやっとメジャーで投げられる〟という喜びとも安堵《あんど》ともつかないような不思議な感慨があったのを覚えています。

でも、そうして迎えた5月2日。対サンフランシスコ・ジャイアンツ戦。

マウンドに上がる前の僕が、必要以上に緊張していたり、意気込んでいたりしたかと言えば、それも違います。

あの時は比較的、平常心でした。ジャイアンツ戦の先発を言い渡されてからは、１番のルイス（現シカゴ・ホワイトソックス）から９番の先発ピッチャーまで、どういうふうに抑えようかと、そればかり考えていました。

僕は日本でやっていた頃から、登板が決まると、ひとり頭の中で相手打者の打ち取り方をシミュレーションするクセがついているんです。

もっともメジャー初登板なので、データだって、ないも同然。それほど緻密なシミュレーションはできようはずもありません。

自分がいい球を投げるためのイメージ・トレーニングをしていたと言ったほうが正確だとは思いますが、その甲斐《かい》あって僕には、ある覚悟が生まれました。

「配球にこだわらず、より強いボールを投げよう」

基本線は外のボールで追い込んでおいて、最後はフォークボール。要するにバッターの特徴がわからないうちは、バットを振りそうなところにストレートを投げ、もしくはそこから落としてカウントを稼ぎ、最後にはフォークで三振を取るということです。

心掛けたのは、とにかく腕だけは思い切り振ろうということ。腕を振ることによってボールには力が増すし、バッターにしてみればストレートとフォークの判別がつかなくなるのです。

そんな思い切りが功を奏してか、僕は5回を無失点で抑えることができました。5イニングを投げ終え、マウンドを降りる時には、さすがに口では言い表しがたい特別な感慨がありました。先発の責任を果たしたことの安堵感より、〝とにかく絶対にローテーションから外れたくない〟〝中4日でまた投げたい〟という思いでいっぱいでした。手を抜けないピッチングに、自分自身が納得できたというか、満足できたというか……。いつ大きいのを打たれるかわからない、メジャーのマウンドの素晴らしい緊迫感を、ひしひしと感じることができたんです。

もちろん、日本にいる時も手を抜いていたわけじゃないですけど、やっぱりどこかヒリヒリするような真剣勝負の、あの独特の感覚が薄まっていたのかもしれません。

メジャーでは〝何か〟が違うんです。それが〝何か〟と聞かれると、自分でもうまく答えられないんですが、とにかく言葉では言い表せない違いがある。

レッズのロン・ガントがプレーオフの後に「メジャー・リーグを助けてくれてありがとう」と、声をかけてくれた話を紹介しましたけど、何かスケールが違う。選手のプライドも、意識も含めた〝何か〟がね……。

野茂はレギュラーシーズン、28試合に登板し、2982球のボールを投じた。そのすべての試合が野茂の「作品」であり、出来不出来はあっても貴賤《きせん》はない。

何よりも彼が素晴らしいのは、アメリカ大リーグという夢の空間をキャンバスにして、個性あふれる作品を仕上げたことである。

ヒデオ・ノモはベースボール・プレーヤーという名の芸術家なのだ。

95年ベスト3ピッチング

自分のピッチングを作品にたとえるなんて考えたこともないですけど、もしそれが、僕が投げた試合の出来ばえを自己採点することだとしたら——。

95年のシーズンのベスト3ピッチングは、初勝利を挙げたメッツ戦、2度目の完封劇となったロッキーズ戦、優勝を決めたパドレス戦になると思います。

その理由を話しましょう。

まずは6月2日、メジャー初勝利のメッツ戦。場所はホームのドジャー・スタジアムでした。

この試合、僕はすごく初心だったというか、無垢《むく》な気持ちでした。

それまでの僕の成績は6試合に登板して、勝ち星なしの0勝1敗。打たれた試合も何試合かあって、成績もふるわない……ふるわないというか、とにかく勝てない状態でした。

〝このままではローテーションを外されかねない。それだけは避けたい〟という危機感が芽生え始めていなかったといったらウソになります。

だから、この試合はとにかく相手をゼロに抑えること。それだけに集中するしかなかったんです。勝ち星が欲しいとか、そういうことではなくて、とにかくゼロに抑える。今が何イニング目かなんていうことも、いっさい意識の中にはありませんでした。

そう、まるで高校野球のピッチャーのような無垢な気持ち。あんなに純粋な気持ちで投げたのは、プロに入った時以来だったと思います。

結果的には4番のボニーヤ（現フロリダ・マーリンズ）にホームランを打たれ1点を失ってしまいましたけど、そのシーンさえも今思えばおぼろげな気がします。

いや、たしかに記憶としては鮮明に残っているんですけど、それよりも何よりも、アウトコースの低めに真っすぐを集める。ただそのことだけに専心していた自分の姿のほうが、ずっとイメージとしては強く刻まれているんです。

ピッチングの原点に戻ることができた——そういった意味で、昨シーズンの28試合の中では、ピッチャーとして忘れることのできない貴重な試合だったと思っています。

さて、次は6月29日のロッキーズ戦。

この試合、僕は二度目の完封勝ちで6勝目を挙げました。9回を6安打に抑え、奪三振は全部で13個。連勝街道の真っただ中、絶好調の頃ですが、その中でも一番の出来だったと今でも思っています。

その日の調子というのは、実際問題マウンドに上がってみないとわからないものなんですが、この日はとてもコンディションがよかった。体のバランスもよかった。何を投げても打たれないという自信がありました。

だからポンポンとストライクを取りにいって、早めに追い込んで、仕留めることができたし、完投したにしては球数も113球と少なかったんです。

ところが、この試合の僕の投球を、評論家の江夏《えなつ》豊《ゆたか》さんは「初球の入り方が甘い」と厳しく批評されました。じつは、そのとおりなんです。さすがに江夏さんはよく見ている。普通の訳知り顔の評論家とはひと味もふた味も違う。

なぜなら僕は、あえて甘い球で勝負していたのですから。

この試合、僕は本当に調子がよかった。調子がいいから、コースとか気にしないで甘いボールで勝負することができた。もっと言えば、調子がいいからこそ〝今日は甘い球で勝負したい〟と思ったんです。どんどん甘いボールを投げて、空振りでもファールでもいいからカウントを稼ごう。今日は、それができる日だ、と。

ピッチャーには1シーズンに1回か2回、こういう日があるんです。そして、こういう日にはこういう日なりのピッチングをしたいと考えるものなんです。少なくとも僕はそうです。

江夏さんとは考え方が違ったかもしれませんが、その江夏さんが僕のピッチングをホントによく見てくれていたという喜びも含めて、この日の完封勝ちも僕にとっては忘れがたいものとなりました。

さて最後の自信作は9月30日、地区優勝を果たしたサンディエゴ・パドレス戦です。前にも述べたように、本当は前日のバルデスで優勝を決めてほしかったんです。でも、結果は5対6と逆転負けで、残り試合はふたつ。どうしたって負けられないという状況で先発が回ってきてしまいました。

この試合、先発ピッチャーに求められる唯一最大のテーマは、勝つこと。そして僕は、イメージどおり冷静に勝つためのピッチングができたんじゃないかと自負しています。

1対1の同点だった6回の2死満塁の場面。

ニーブス（現デトロイト・タイガース）を3球三振にとって、マウンドを降りるとベンチから全員が出てきて僕を迎えてくれました。三塁側のスタンドでは、ロサンゼルスから応援に来てくれたファンがスタンディング・オベーションをしてくれています。

「勝ちたい」と強く思いました。

三振がいくつ取れたとか、完投だとか関係なく、試合の展開を読みながら負けないピッチングを組み立てる。それができた喜びがありました。

そして優勝。僕にとっては都市対抗地区予選以来の優勝。この試合は、生涯忘れられ

1995年９月30日、対パドレス戦。この日、ナ・リーグ西地区の優勝を決めた。

ない思い出になるでしょう。

野茂のシーズン1年目は決して平坦なものではなかった。ドジャースのチームメートは仲間として温かく彼を迎えたが、シーズン前半には、いくつかの珍事件が紙面をにぎわしたりもした。7月にフロリダに遠征した際には、野茂の偽りのインタビューが地元ラジオ局で流された。まったくの別人が野茂になりすまし、ご丁寧に通訳まで中に入ってマーリンズとマーリンズ・ファンに中傷を浴びせた。

当然、ドジャースから抗議を受けたラジオ局は陳謝するかと思えば、「あれはパロディのつもりだった」と開き直った。

また、アストロドームではマスコットが空手チョップのパフォーマンスをして、登板日の野茂をからかったりもした。

だが彼は、そんな中傷や冷やかしに耳を貸すことなく、また、目くじらを立てることもなくマウンドに意識を集中させ続けた。そして実績を残すことによってファンの理解と共感を勝ちとってきたのである。

第一印象メジャー・リーガーズ

「メジャーで対戦したバッターの中で一番威圧感のあった選手は誰ですか?」

そんな質問も、よく受けます。95年の総括として、個々の選手についても僕なりの評価を下してみたいんですけど、これは難しい……。正直なところ、何とも答えられないですね。

不動の4番打者にして9年連続20本塁打以上のブレーブスのフレッド・マグリフ、勝負強い長距離砲デビッド・ジャスティス、昨年、僕と新人王を争ったチッパー・ジョーンズ、一昨年ホームラン王に輝いたジャイアンツのマット・ウイリアムス(現クリーブランド・インディアンス)、凄《すご》さと巧さを兼ね備えたメッツのボニーヤ、6度目の首位打者に輝いたパドレスのトニー・グウィン。

ロッキーズでは本塁打王と打点王のダンテ・ビシェットにラリー・ウォーカー、カブスのサミー・ソーサ、リーグMVPを獲ったレッズのバリー・ラーキン……。

何しろ名前を挙げたらキリがありませんから。

一度、マウンドに上がったら、もう気を抜くことはできない。そんなバッターばかりなんです。また、それがいいんです。

「コイツのところは気を抜いて」なんて考えてしまうようでは面白くありません。しいて言うならばピッチャーのところだけでしょう。

凄いバッターばかりと勝負ができるなんて、僕は本当に幸せ者だと思います。きっと僕は、ホントにメジャー・リーグが肌に合っていたんでしょうね。特に力と力の真剣勝負が――。

だから、冒頭の質問に明確に答えることなんてできないんです。おそらく僕だけではなく、メジャー・リーグの投手なら、ほとんどが答えられない質問なのではないでしょうか。

でも、日本とメジャー・リーグのバッターの違いは何かと聞かれたなら、答えられます。

それは、「スピードとパワーの違い」です。スイングの速さ、そして力は、米国の3Aのバッターが来日した際にも、ハッキリと違いがわかるぐらいですからね。

ピッチャーでも本当は高めのボールに一番力があるんです。近鉄時代、僕も結構、高めで勝負していました。でもメジャーでは、その力のあるはずの高めをホームランされてしまう。

シーズンのどのあたりからでしょうか。〝これは、ちょっとパワーが違うな〟〝高め勝負はちょっとマズイのかな〟と思うようになりました。そして僕は日本にいた時に比べて、必然的に高めで勝負する回数が減ったのです。

もちろん、バッターも選手によって違いがあるので一概には言えませんが、平均してみて、スイングの速さとパワーに日本とメジャー・リーグには大きな開きがあります。それにメジャーのバッターは、基本的には初球から打ちにきますね。よほどのチャンスの時は、初球を見たりもしますけど、だいたいは初球から狙ってくる。カウントがノー・スリーであっても積極的に打ちにきます。まあ、僕みたいにフォアボールの多いピッチャーの場合は、なかなか手を出してこないですけど。でも普通のピッチャーが投げている時は、ノー・スリーになれば次は絶対にストライクが来ると踏んで打ちに出ます。まあ実際に、ノー・スリーの次の球というのはコースが甘くなる可能性が高いのだから、その球を逃すというのも、おかしな話なのですが。

ただおのおののバッターの考え方というのは、メジャーも日本も、あまり変わらないように思います。1番、2番ならば、どんな形でも塁に出たいと考える。下位のバッターは内野安打でもエラー出塁でも、とにかく上位打線に繋《つな》ぎたいと思っている。またクリーン・アップになれば、やっぱりランナーを返せないと凄い悔しがっているし、どんな形でもランナーが帰れば満足している。それは日本と同じですね。

ただ、表現の仕方は随分違いますよ。やっぱりメジャー・リーガーのほうがストレートというか、ド迫力というか……。

とにかくチャンスに凡退して帰ってくると、バットやヘルメットを投げる蹴るでガシャーン、ガシャーン。チャンスに打つことを義務づけられているクリーン・アップ、特にモンデシー、ピアザなんかはもう凄いもんです。まさに、触らぬ神に祟《たた》りなしという感じですね。

でも、誰も気にしないんです。日本だと誰かがバーンとやったりしたら、〝どうしたの？〟ということになりますよね。まぁ、吉井《よしい》さん（ヤクルト）は違いましたけど……。でも、こっちではそれが普通なんです。〝ああ、打てなくて悔しいんだな〟と周りも当然のように思っているし、実際声をかける選手もいない。だから、アメリカから日本に来た選手が、自分の不甲斐なさに腹を立ててベンチで暴れたりしますよね。あれは態度が悪いとか凶暴だとかというのとは全然違うんです。彼らはずっと、そのスタイルでやってきたわけですから。

今度テレビや球場でそういうシーンを見かけたら、〝どうしたんだ？〟ではなくて〝一生懸命やってるんだな〟という目で、彼らを見てあげてほしいと思います。

さて、話をピッチャーの総括に移しましょう。

メジャー・リーガー全員に「誰がナンバーワン・ピッチャーか」と質問したならば……。この場合は、ほとんどの選手が「グレッグ・マダックスだ」と答えるのではないかと思います。これには僕も同感です。

95年、マダックスは最多勝、最優秀防御率、ゴールデン・グラブ賞などのタイトルを総ナメにし、4年連続のサイ・ヤング賞にも輝きました。奪三振では僕が上回り、完封の数では並びましたが、なにしろマダックスは、打たれると珍しがられるピッチャーなのです。

彼については、コントロール、ボールの出し入れ、チェンジアップがいい……など様々なことが言われます。どれも、そのとおりです。でも一番優れているのは、絶対にコンディションを崩さないことだと僕は思っています。

僕とオールスターゲームのスターターとして投げ合った、マリナーズのランディ・ジョンソンもたしかに素晴らしいボールを投げるピッチャーです。でも常にベスト・コンディションで臨んでいるかということになると、やっぱりマダックスのほうに一日の長があると思います。それほど彼は、際立ったピッチャーなのです。

昨年のシーズン中盤、僕はツメが割れたり、ヒジが張ったりしたことがありました。これは職業病だから仕方がないと言う人もいます。でも、もっと優れたコンディショニングがあったのではないか、アクシデントを未然に防げたのではないか、いやマダックスならきっと何らかの対処をしたはずだ、と思えて仕方がありません。

コンディションの悪い日を、1日でも少なくしようと考え詰めるのがプロ。コンディショニングの話は、後の章でもう少し詳しく触れることにしますが、マダックスという選手はそういったプロのあり方というものまで考えさせてくれる、偉大なピッチャーなのです。

僕とタイプは違いますが、いつか機会があったらコンディショニングのことを、彼とゆっくり話したい。そして彼からいろいろなものを吸収して、いつか同じ試合のマウンドに立ちたいと思っています。


メジャー史上空前の４年連続「サイ・ヤング賞」に輝いたマダックスは、88年から95年まで8シーズン連続して2桁勝利をマークするなど、シカゴ・カブスとアトランタ・ブレーブスで通算でジャスト１５０勝を挙げている。そんなメジャーを代表するエースである彼は、昨年7月11日、テキサス州アーリントン・スタジアムで行われたオールスターゲームへの出場を辞退した。2年連続してのナショナル・リーグでの先発が有力視されながら。理由は、シーズン前半の最後の登板で右足内転筋を痛めたからだ。

その時、マダックスは彼を取り囲む記者たちに言った。

「私が先発としてマウンドに立てないことは、自分自身、とても残念だ。でも、私よりもノモの投球を見たいと思っているファンのほうが多いんじゃないかな」

それは決して負け惜しみではなく、彼の本音だった。しかし後半、復活を遂げたマダックスは、エースとして活躍し、チームをワールドチャンピオンに導いたのである。

野茂とマダックスの投げ合い――。昨シーズンは一度もなかった夢の対決が、今シーズン、もし実現したならば、日本、そして全米のファンはテレビに釘付《くぎづ》けになることだろう。ブレーブスとドジャースの対決はシーズン中12試合。夢の対決が実現する可能性は十分にあるのである。

第2章

野茂流プロ野球改革論

見習うべきメジャーの選手会

シーズン2年目のドジャースとの契約は、僕にとって満足のいくものとなりました。3年契約で430万ドル（約4億5000万円）の複数年契約で球団との合意に達したのです。

金額に関しても十分に納得のいくものなのですが、まずは何よりも複数年契約ができたことに喜びを感じています。なぜならば、これで3年間、おカネのことやケガのことを心配することなく目一杯、野球に集中することができるのですから。

僕のことを評価してくれた球団に感謝します。そして代理人の団野村《だんのむら》さんにも、誰よりもいい契約をしてもらったと感謝しています。

2月22日、キャンプ地であるフロリダ州ベロビーチで記者会見を開いた後、ラソーダ監督やチームメートたちは僕に笑顔で話しかけてくれました。

「お前は、これで来年も再来年もドジャースだ。こんなに嬉しいことはない」

ラソーダ監督は両手を握りしめてくれました。ピアザも、バルデスも、キャロスも、

「これで一緒に今シーズンもプレーできるな」

と笑顔で話しかけてくれました。

これが日本だと、ひがみやねたみの対象となりがちなのですが、こちらは誰かがいい契約を結ぶと、みんなで素直に喜び合います。

こういう雰囲気は、さすがメジャーって感じですよね。なにしろベロビーチに着いた時には、みんなが拍手で迎えてくれたんですから。

野茂の複数年契約が記者会見で発表された翌朝、2月23日付の米国内のほとんどの新聞は、それをスポーツ面のトップで報じた。地元紙である『ベロビーチ・プレスジャーナル』、そして『ロサンゼルス・タイムズ』が大々的に扱ったことはともかく、普段はめったにプロスポーツ選手の契約報道をしない『ニューヨーク・タイムズ』がスポーツ面トップの囲み記事で伝えたのには、少々驚かされた。

2年目を迎えるピッチャーが複数年契約を勝ち取るというのは、前例から考えれば、それはたしかに異例のことなのだ。ドジャースでは球団史上初めて。野手を含めても1994年のピアザただひとりなのだから。記者会見の席上ではゼネラル・マネージャーのフレッド・クレアーは予想どおり、「異例」という言葉を繰り返していた。

記者会見では、こんな質問もあった。

「モンデシー、キャロスの2年目は1年契約でした。実際に複数年契約を結べると最初から思っていたのですか？」

野茂は淡々と答えた。

「それを話し合うために契約の場があると思っています。そのために代理人という存在が僕には必要だった。最初から、どうにもならないというわけではなくて、せっかく話し合いの場があるのですから、なんとかなるとは思っていました。

それと今回、僕が複数年契約を交わせたことで、日本のプロ野球にも、いい影響が出ればいいですね」

メジャー・リーガーとしての地歩を着々と築きつつある野茂だが、決して日本プロ野球のことを忘れていたわけではない。そのことは、こんなひと言からも見て取れる。むしろ、海を隔てて離れているからこそ、より意識する部分があるのかもしれない。


近鉄時代、僕は代理人制度の導入を球団に要望し、僕なりにこの制度の必要性を説きました。でも結局は受け入れてもらえなかった。

代理人制度、複数年契約の必要性については前著『僕のトルネード戦記』でも述べましたが、昨シーズンのオフも日本では、代理人制度は実現しなかったようですね。ここで、もう一度、なぜ代理人制度が必要なのか、僕の考えを明らかにしておきましょう。

現状では、選手と球団が対等の立場で話し合える機会が、まったく設けられていないということ、それが、選手側から考えればまず大きな問題なんです。

球団側が契約のプロを何人も用意して交渉の場に臨むのに対し、選手はたったひとり。こっちが何か言おうとしても、向こうから集中的に言い返されたら、もう何も反論できません。野球選手はグラウンドの中が勝負と言われて育ってきているため、フロントの人たちのように、言葉で相手を丸め込むことができないんです。

でも僕たち野球選手にだって、球団と対等な立場に立ってモノを言える権利があるはずです。そこで契約交渉を専門とする代理人を立てて、フェアな形で球団と話し合ってもらう。この制度のいったいどこが悪いのでしょう。

たしかに現在の日本のプロ野球界では、〝代理人＝悪〟あるいは〝代理人制度＝選手のわがまま〟みたいな風潮があります。が、それ以前にこういった新制度の導入に関して、選手と球団が本音で議論したことがあるでしょうか。

少なくとも僕は、選手会が選手や球団に対して、この制度の必要性を説いたという話を聞いたことがありません。そればかりか選手個々が、この制度をそれほど必要としていないように感じることさえあります。一連の選手会の動きを見ていると、そう思えて仕方がないんです。

実際、僕が代理人制度や複数年契約の導入を掲げて近鉄と対立した時も、選手会は少しも力になってくれなかった。助け船を出してくれることもなかった。つまり日本の選手会は、皆さんが思っているほど強くないのです。

こちらに来てからわかったことですが、アメリカの選手会は熱意も意気込みも全然違います。昨シーズンの途中、マイク・ブッシュ（現クリーブランド・インディアンス）という選手がメジャーに上がってきた時もそうでした。

ドジャースの選手会は、選手の権利を勝ち取るためのストライキで、一緒に戦わなかった彼のメジャー昇格に、猛反発しました。僕も選手会のミーティングに呼ばれ、いろいろなやり取りを耳にしました。具体的な内容について、この場で詳しく説明することはできないけれど、要するにバトラーやウォーレル、キャロスが中心となって、激論が繰り広げられたんです。

それればかりか選手会は、ゼネラル・マネージャーのフレッド・クレアーを呼び出して、球団側の意向を聞くことまでした。もちろんクレアーは球団の言い分をきっちりと述べます。それはそれで筋の通ったものでした。

一昨年（１９９４年）８月12日から、メジャー・リーグ選手会は、２３２日間のストライキを敢行した。

1905年以来、二度の世界大戦の際にも中止されなかったワールドシリーズが、開催不能に追い込まれた。

事の発端は経営者側によるサラリーキャップ制導入の提案。選手の年俸高騰により、28球団中19球団が赤字のメジャー・リーグは、弱小球団の経営者たちが中心となり、「総収入の50％に選手の年俸を抑えたい」との提案を選手会に対して行ったのだ。

選手の年俸総額は総収入の58％、選手会側からすれば実質的に8ポイントのダウンとなるわけで、これをすんなりと受け入れるわけにはいかない。

かくして選手会側はストライキを断行、経営者側も主張を貫いたことで、双方の亀裂は修復不可能なまでに深まった。

たまらないのは置き去りにされたファンである。『フィールド・オブ・ドリームス』をもじった「フィールド・オブ・グリード（欲張り）」の看板を無人のスタンドに立てたりして、やり場のない憤りを表した。

懸案をひとまずタナ上げにし、95年4月にシーズンをスタートさせたものの、客の出足はさんざんだった。各地で史上最低の入場者数を記録した。「ストライキの勝者はいなかった」とジャーナリズムは選手会、経営者双方のエゴを叱った。

そこに登場したのが、日出ずる国のヒーロー、ヒデオ・ノモである。「ツイスト」と形容される独特なフォームと伝家の宝刀フォークボールによる奪三振ショーは、野球ファンの耳目を驚かさずにはいなかった。

オールスターゲーム出場が決まった時、同僚のリリーフエース、トッド・ウォーレルは野茂についてこう語った。

「ドジャースにはもちろんのこと、ベースボールにはノモが必要なんだ。彼は野球に興味を呼び戻してくれた。失っていたたくさんの輝きを、今、甦らせてくれているのさ」

僕自身は、給料を削ってストライキをしたわけじゃないので、このような席で何かを述べる資格はない。選手会の言い分はもっともだけど、生活のかかっているブッシュの言い分もわからないじゃない。なるほど、どちらの側にも言い分はあるんだなと静観してましたが、この一連の出来事はホントに新鮮でした。

事の是非はともかく、こちらでは何か問題が起きた時に、逃げずにきちんと議論する。日本のようになあなあではすまさない、という姿勢にとにかく感心しました。

これ以外の問題についても、メジャーでは事あるごとにアンケート用紙が回ってきます。僕たち選手は、そこで自らの意見を述べることができる。それが採用されるかされないかは別にして、いくらかでも問題解決に自らの意見が反映される仕組みになっているんです。さすがは民主主義の国。日本はまだまだだなと心底思いました。

だからこそ今後、何か大きな決定を迫られた時には、僕もメジャーの選手会の一員として何らかの意見を言うつもりでいます。ただ黙っていて、権利がタナボタ式に勝ち取れるとは思っていませんから……。

ブッシュが3Aから昇格し、ドジャースの一員となることに対して、ブレット・バトラーが猛反発したことは外電で日本に伝えられたとおりである。

なにしろバトラーは、メジャー・リーグがストライキに突入した際に選手会側の代表としてオーナー側と徹底的に戦った、〝強硬派〟として知られている選手なのである。

「オーナー側が『オレたちが雇い主なのだから言うことを聞け』と言うのならば、それもいいだろう。でも、言うことを聞けと言われる者、すなわちメジャー・リーガーがいなかったら、メジャー・リーグ・ベースボール自体がないんだ。これは、もう人権の問題だ」

バトラーは、そう発言した。

だからこそ彼は、メジャー・リーグがストライキに突入した際に、その代替選手としてエキシビション・ゲーム（オープン戦）に参加した3Aのプレーヤーたちに対して圧力をかけた。

それは、代替選手でゲームを行うことで、本来のメジャー・リーガーつまり選手会に、オーナー側がプレッシャーをかけてきていると考えたからだ。

そんなバトラーには、ブッシュ問題の直後、地元のドジャー・スタジアムでファンから大ブーイングが浴びせかけられた。

もし、これが日本であったならば、バトラーはそのまま〝悪役〟のレッテルをはられていたことだろう。でも、メジャーでは、そうではない。自分たちの代表として最前線で戦う彼を、チームメートたちは次のように庇《かば》ったのである。

「なにもバトラーがブッシュを攻撃したという問題じゃない。バトラーの発言は、我々メジャー・リーガーの総意なんだ。ストライキというのは雇用者と労働者のしのぎ合いだろ。バトラーを悪者にするということは、メジャー・リーガー全員を否定することに等しい」（トム・キャンディオッティ）

「ハッキリ言って、我々の行ったストライキというものがファンには明確に理解されていなかったと思う。それが今日のスタジアムのブーイングでハッキリしたよ。ファンあってのメジャー・リーグであることは、よくわかっている。でも、それは選手が不当な待遇に甘んじることで成立するものではないんだ。それをバトラーは代表して訴えていた。だから今日みたいな事態になった。どちらが正しいとか間違っているとかじゃなくて、そういう事実認識をしてほしい」（エリック・キャロス）

ここで確認しておきたいのは、メジャーの選手たちは無口な単なる雇われプレーヤーではなく、個々の意思をハッキリと言葉にしている、ということだ。これらのコメントは『ロサンゼルス・タイムズ』紙にも掲載された。日本のプロ野球選手会は、これだけのことができただろうか？　残念ながら答えは「ＮＯ」である。

最高のプレーでファンを魅了すること、それはプロのプレーヤーとしての義務と言える。だが、プロであるということの価値はそれだけではない。最高のプレーを見せる者は、そのために必要な環境を求めることができるのだ。

個々のプレーヤーにおける「プロフェッショナル」についての認識は、日米間において、あまりにも大きな開きがある。

代理人はなぜ必要か？

さて代理人制度の話に戻します。

テレビを見ていたらわかると思うのですが、契約が決裂した直後に映し出される選手の顔は、皆、苦渋に満ちています。なかには怒りに震えている者もいます。そんな顔を見せられたファンは、誰だって「野球選手はカネにうるさい」「爽やかではない」と誤解してしまうでしょう。これでは選手が悪者になるのも当たり前です。

シーズンオフには、そんなシーンを、僕もブラウン管越しに何度も見ました。でも年中行事のように、こんな光景や選手の表情をファンの人たちに見せ続けていていいのでしょうか。選手が悪者になってしまうということは、本人はもとより球団や野球界全体にとって、大きなイメージダウンにつながるのではないでしょうか。

その逆に、水面下で代理人が交渉し、契約が決まった段階で選手が登場して、「また来年、頑張ります」とニコニコ笑いながら答えたとしたら、お茶の間のファンはどう思うでしょうか。

実際、今回のドジャースとの契約がそうだったでしょう。

記者会見の席でフレッド・クレアーは「大切な投手と3年契約ができた」と言い、僕も「最大級の評価をしてもらって嬉しい」と答えた。終始にこやかな雰囲気の中での、このやり取りをテレビで見ていた人は、きっと〝ああ、ドジャースと野茂はすごくいい契約をしたんだな〟と思ってくれたと思います。

少なくとも日本のプロ野球の契約にありがちな「確執」だとか「険悪」だとかいった、暗いドロドロしたイメージは抱かなかったでしょう。たとえば、交渉の過程で球団側と代理人が反発するようなことがあったとしても、ひとたび合意に達して契約書を交わし

全米を席巻したトルネードは、念願の複数年契約を勝ち取った。

てしまえば、そんなことにはこだわらない。それがメジャー流なんです。

そして選手はすべての合意が得られた後に、納得した顔でマスコミの前に現れればいい。

これは何も、プロ野球選手の表の部分だけをファンに見せよう、というだけではないのです。本来、グラウンドで最大限の力を発揮するべきプロ野球選手が、プレーとは無関係なところで余計な神経を使っても、ほとんど意味がないということなんです。日本の球団には、そのへんのことも考えてもらいたいと思います。

球団は、事あるごとに「ファンにサービスをしろ」と言います。たしかに、選手がファンにサインをしたり、グッズをプレゼントしたりすることも大切だとは思います。でも、それ以上に大切なのはプロ野球という世界が、常にファンにとって夢の世界であり続けるよう、選手と球団が手を取り合って努力することなんだと思います。

選手は最高のプレーをするよう心掛ける。球団は選手の活躍やイメージアップのための手助けをする。真のファンサービスとは、こういう基本的なことの積み重ねなんです。


プロ野球協約の中に、代理人交渉を禁じた条項は存在しない。わずかに野球協約第50条が「対面して契約しなければならない」とうたってはいるが、「球団と選手が初めて選手契約を締結する場合」との前文を読めば、新人選手に限った話であって、契約更改には関係ないことがわかる。

しかも、外国人選手の場合には、同じ統一契約書を用いながら代理人による契約締結が常識となっている。日本人選手だけがまかりならんというのは、どう考えても「法の下の平等」に反するのではないか――。

そこで、野茂の代理人である団野村氏の発言に注目してみたいと思う。彼の言葉は、日本プロ野球の現状と本質を的確にとらえている。

《選手は、一度統一契約書にサインをしたらもう一生、球団の言いなりになるしかありません。移籍の自由は選手にはないし、気に入らないとか、戦力外とか言うことで、突然一方的に解雇を言い渡されます。あるいは逆にチャンスも与えてもらえないのに、移籍すらさせてもらえず飼い殺しにされることも多いわけで、選手にとってのたったひとつの自由は「引退」しかありません。

その引退にしても任意引退扱いの場合は、球団がずっと「保有権」を有するというひどい条項があります。在籍球団から要するに〝クビ〟を言い渡されたにもかかわらず、その球団の許可なくしては他球団に入ることすら許されない。つまり野球選手から野球そのものを取り上げてしまうのが「保有権」の怖さです。

野茂の場合は、近鉄球団のほうが怒って「勝手にしろ！」ということで大リーグに行けたわけですが、そのおかげで今は日本球界全体がハンで押したように、「保有権」をタテに選手を流出させない傾向が強くなっています。

私はいつも、野球活動に対する拘束権というものは、いったい何を意味するんだろう、選手が自ら望む球団を選ぶということは基本的人権なのに、これほどまでに球団の拘束力が強いのはなぜなんだろう、と疑問で仕方ありません。

もちろん何らかのルールが必要なのは明白ですが、アメリカならば選手の意見というものがかなり反映されるのに対して、日本の選手の遇し方はあまりにも一方的すぎると思います。日本の球団は権利意識が強すぎるんです。

こういう野球界の契約の実態を、今のアマチュアの選手や高校生などが知ったら、日本プロ野球なんてまったく魅力がないものだということがわかるでしょう。そしてなぜそんなところで、一生鎖に繋がれなければいけないのかと、誰だって疑問を持つはずです。

現代社会では、もう終身雇用制も崩れていて、自由に自分の才能や能力を発揮していく方向に向かっているのに、野球界だけはプロに入った瞬間から一生、その選手は首根っこを球団に押さえられているシステム。

いくらイチローが3年間で25倍の年俸を獲得する選手になったとか、誰々が2億円プレーヤーの仲間入りだなんて派手に騒いでも、その陰で、どれだけの犠牲者が出たのかを考えれば、決して魅力的な世界だなんて言えないんです。

しかも何人がダメになったか、何人が辞めていったか、何人が今のプロ野球界に騙《だま》されてきたか……をマスコミも書こうとしない。経営者側や球団が選手を弄んでいるのが、今の契約システムの現実であるのに、マスコミまで一体となって悪しき体質を助長している。

戦争も同じですよね。くだらないことで戦争して、結局何千人、何万人の命が奪われて、その後で和平交渉が始まる。ボスニアなんかそうでしょう。そこまで犠牲者を出して、なぜ戦争を続けるのかということです。

私はこのプロ野球界の契約というのは、戦争と同じことだと思っています。プロ野球界を支えて、今後も支えていかなきゃならない選手たちが、無駄な血を流して、ちゃんとした生活ができないままに終わってしまう。

才能があるのにチャンスを与えられずに潰されたり、ケガをしたのにケアしてもらえなかったり。これ以上の犠牲者を出さないように、すぐにでも改善して、経営者と選手側とが対等の立場で話し合うシステムを作らなければいけないんです。

ところが球団の経営者は実際は本社からの天下りで、野球を真剣にビジネスとして、プロとして育てていこうというビジョンがない。ただ自分が在任中は本社の意向に背かないように、無事に安穏に任期を終えればいいとしか思っていない。自分の球団名が宣伝されればいいや、そこそこ負けなければいいや、優勝すると選手の年俸が高くなるからちょっと困るなと、およそプロ野球の球団とは思えない発想しかない。だから私は、日本の球団は本当のプロじゃなくて、ただ本社のコマーシャル球団なんだと言うんです。

ところでFA（フリーエージェント）制というのも、飼い殺しの今のシステムを改善しようとしてアメリカから導入したものですが、「どうも意味がないのではないか!?」という意見がすでに出ています。巨人《きよじん》や西武の球団首脳がマスコミで発言していますが、その発言に選手会自体も争う様子が見られない。これは大きな問題です。

私自身は、そもそも日本に導入されたFA制というのは、ナンセンスなものだと思っています。選手は10年たったら自由に球団を選べるというけれど、10年なんて長すぎる。選手のピークは過ぎていて、もうどこにも活躍の場はないということになりかねない。

特に問題なのは、そこでおカネが絡んでくること。FAを公表した選手をどこかの球団が獲得しようとすると、選手にはそれまでの年俸の最高1・5倍、これまで所属していた球団にも1・5倍。つまり最高で年俸の3倍を負担しないといけない。10年間、活躍してきた選手ですから年俸が安いはずはなく、これでは獲得する球団にとって相当な負担になることは明白です。

その結果、どういう現象が起こるかと言うと、多くの球団がFA選手の受け入れを躊躇《ちゅうちょ》するようになる。選手側からしてみれば、FA宣言したはいいけれど自分を買ってくれる球団が見つからないということになる。つまり現行のFA制の中には、ハナっから選手が移籍しにくい要素が含まれているわけです。

こんなFA制ですから、個人的な意見としては意味がないと思うのですが、球団首脳が「不要論」を唱えた時に、選手会が何も言わないのもおかしな話です。現行の制度に不備があるなら見直しをしたいと言うべきなのに、選手会も球団の顔色を見ているだけ。あれほど苦労して獲得した選手の権利を、なぜ大切にしないんでしょう。

メジャー・リーグでも昔は選手の立場は弱いところからスタートし、選手が団結していろいろな権利を獲得してきました。もちろんメジャー・リーグの方法がベストだとは思いませんけど、経営者と対等の関係の中で完璧なものにしていこうという意志があります。でも日本にはそれがない。いいところは積極的にマネればいいのに、新しいことは取り入れようとしない。いったいそれはなぜなのか?

私が思うに、ひとつは国民性なのかもしれない。ひとつの試みをする時に、日本人はどうしても功名争いをするというか、足の引っ張り合いをする傾向がある。だから選手会として何らかの改革案を出そうと思ってもまとまらないんです。

また経営者側があえて選手会を一体にさせないために、スーパースターと言われる選手をうまいこと抱き込んでしまうということもあると思います。引退後はコーチや監督にしてやるとか、球団に残してやるとか、再就職先としてテレビ局を紹介してやるとか……。

選手からしてみれば女房もいるし、子供もいるし、生活のことも考えなきゃいけないから球団に逆らえない。しかも、そうやってスーパースターが球団に不満も言わず沈黙してしまうから、下の人間たちは見習わざるをえない。

本当なら発言力のあるスーパースターこそ、球団に対して選手の待遇改善を積極的に主張していかなければならないのに、今までうまいこと球団にまるめこまれていた。だから未だに組合としての選手会が機能していかないし、その結果、野茂や前田《まえだ》のように個人が矢面に立って血を流さなければならないんです。

自分が選手の間は声をひそめて、自分の生活を安定させてと考えているうちは日本のプロ野球は変わらないでしょう。もっと選手会自体も目的意識をもって、団結するというか、一体になっていく必要があるんです。球団側が一方的な契約をタテに取って平然としているのは、裏を返せば今まで選手会がだらしなかったから。そういった意味で今、私が一番言いたいことは「選手たちよ、目を覚ませ！」ということなんです。》

FA制にまつわる不可解

いったい何のためにこの権利を勝ち取るのか、この権利を勝ち取ればどうなるのか、ということを選手会は全然伝えてくれない。何につけても情報の伝達が不十分でした。

FA制を導入する時もそう。「10年、1500日」が権利取得の条件だと言われても、プロ野球に入ってすぐの選手はピンときませんよ。これが5年目とかの選手なら〝しっかり勉強しなくちゃ〟という気になるでしょうけど……。

事実、僕も導入当初はピンときませんでした。21歳でプロ入りした僕は、早くて31歳になるまでは権利を取得できない。ピッチャーにとって31歳といえば大変な年齢ですよ。今にして思えば……。でも、そういった選手の実情をふまえての切実な情報は、選手会からはまったく提供されなかった。はたして、この制度の導入に関して選手会は、どの程度真剣に考えていたのか疑問に思えてなりません。

それればかりか、今、西武や巨人の球団首脳から「そろそろ廃止にすべき」という声が出ているにもかかわらず、選手会はただ黙っているという。何かおかしくありませんか？

不完全とはいえ、せっかく勝ち取った制度なんですから、球団側のそうした動きに対して、きちんと反対意見を述べるべきなんじゃないでしょうか？

それとも選手会は「ＦＡ制度がなくなっても仕方がない」とでも思っているんでしょうか。球団を自らの意志で移ったり、僕のように大リーグに挑戦することができなくなっても平気なんでしょうかね。

経営者の人たちが「ＦＡ制は、おカネがかかって仕方がない」と言うんだったら、そこでの無駄を省く代わりに、僕が要求した複数年契約や代理人制度の導入を求めてもいいと思うんです。あるいは統一契約書の見直しを要求してもいい。権利とは上から〝もらう〟ものではなく、自分の力で〝得る〟ものですからね。選手会は、もっとそのあたりの意識を強く持ったほうがいいんじゃないかと思います。

何年か前、球団から個人的に聞かれたことがあります。

「ＦＡ権を取得したら、近鉄から出ていくか？」と。

その時、僕は「はい、出ます」と答えました。でも、球団は何も言ってこなかった。きっと、どうせまだ先の話だ、という認識があったんでしょうね。

でも、もし10年間も移籍の自由がないのなら、せめて今いる球団にいい待遇を約束してほしいというのが、人情というもの。そこで僕は、複数年契約を球団に申し入れたんですが、結局それも却下されました。

おそらく、これが今の日本の球団と選手の関係なんでしょう。メジャー・リーグでは考えられないような杜撰《ずさん》な制度がまかり通り、球団はその都合のいい制度の上に胡座《あぐら》をかいている。選手がいくら主張しても聞く耳などもたない……。

でも、だからこそ選手たちは主張していかなければいけないんです。特にＦＡ制度なんて、誰にでも与えられるものじゃなく、それだけの活躍をした選手のみが行使できるものでしょう。長い間球団に貢献した者だけが主張できる権利でしょう。それならば、もっと胸を張って「この制度だけは廃止になんてしたくない」と言うべきだと思うんです。

何度も言うように、選手が安心してプレーできる環境を整えずに、プロ野球の発展もなければファンサービスも何もないんですから。

それに、プロ野球の選手がどんな権利を得て、どんな生活を約束されているのかということは、現役の選手ばかりでなく、これからプロに入ろうとしている人たちにとっても大きな関心事のはずです。これからプロ野球のユニフォームを着る少年たちに、いい環境を残してあげることは僕たちの義務でもあるし、球界発展のためには必要不可欠なことだと思うんです。

僕はメジャー・リーグでは当たり前のこととなっている代理人契約で、ドジャースと素晴らしい複数年契約を結びました。このことがきっかけとなって、もっと日本の選手会でも議論が起こればいいなと、今、心から思っています。

秋季キャンプには意味がない

さて話は変わりますが、このシーズンオフ、僕はあらためて〝これは日本球界の悪しき習慣だな〟と感じることがいくつかあったので、それを紹介したいと思います。

まず最初は、千葉《ちば》ロッテ・マリーンズのバレンタイン監督退団劇。この問題、もちろん詳しいことはわかりませんが、アメリカでもロッテの人気と躍進はリアル・タイムで情報が入ってきたので、とても意外でした。

これって、バレンタインのやろうとしていたアメリカの野球が理解できないからという理由でクビになったんでしょうか？　解任するのは球団側のひとつの判断だから、それについては仕方ないと思うけれど、その理由が不透明なので、何かしっくりこないんです。

それに何よりも、コーチや選手たちの声がひとつも新聞や雑誌に載っていないのが、不思議でなりませんでした。

これまでも何度も述べていることですが、野球は本来、選手がやるものでしょう。にもかかわらず、選手たちの意見や考え方がほとんど出てこないというのは、変じゃないですか。

選手たちも自分の考えを率直に述べるべきだったと思います。そうじゃないと、世間の人々はわかってくれないですよ。

特にバレンタイン監督は選手から人気があったんでしょう。選手は生き生きと野球をしていたんでしょう。少なくともファンは、そんなチームの雰囲気を感じ取って応援していたんだと思うし、面白くて勝つ野球を喜んでいたんだと思います。

そういうことまで考えれば、事の真相はともかく、せめて選手たちがどうとらえているかぐらいは伝えておかないと、ファンは納得できないと思うんです。ファンにとって、一番身近なのは選手だと思うし、その選手がきちんと今回の退団劇を受け止めているなら、きっとファンも受け止めてくれるはず。逆に選手の気持ちというものがどこにも介在していないと思うと、ファンもどう反応していいのかわからない。つまり選手の存在感が希薄になるということは、ファンの存在感も希薄になるということ。少なくとも僕は、そう思うんですが……。

この解任劇でもわかるように、日本球界には〝選手不在〟を思わせるような出来事が多すぎます。肝心の選手たちの真意を汲《く》まないで、一部のお偉いさんの思惑で大切なことが決まったり、伝統という名の古い習慣にいつまでも縛られていたり……。

そんな例はほかにもあります。

ということで、このシーズンオフに僕が感じた日本球界の悪しき習慣のふたつめ。

それは、毎年各球団が行っている秋季キャンプです。

僕も近鉄にいる頃は、毎年、秋季キャンプに参加しました。が、実際には秋季キャンプそのものに、どんな意味があるのか自分自身で理解できなかったので、ランニング以外のことはまったくやらなかったというのが実情です。

これがアメリカのマイナー・リーグの若手がするように、自ら中南米のウィンター・リーグに参加して腕を磨くんだったら、まだわかるんです。日本の選手がハワイで開かれている「ハワイアン・リーグ」に出向くのもわかります。

だけど日本のような〝練習のための練習〟というのは、この時期あまり意味がないんじゃないでしょうか。

もっと言えば、秋季キャンプでいくら練習したとしても、その後のオフでトレーニングを怠っていたら、結局、春のキャンプでまた一から出直し。それくらいなら、ペナントレースが終わった直後くらいはオーバーホールにあてて、1年の疲れを取ったほうがずっと建設的だと僕は思うんです。若手はともかく、少なくとも1シーズンをフル稼働した選手にとっては。

まぁ、コーチからすれば、この時期に投げ込みが足りないヤツは投げ込み、打ち込みたいヤツは打ち込んで、とにかく何かしら技術を身につけろ、ということなんでしょうが、それは上からの命令でやることではなく、自発的に取り組むものだと思います。

それに日本の中には、監督が見ている手前〝あのコーチは熱心だ〟と思われたい一心で、選手にあれこれと指図しているコーチもいる。

そんなコーチに煽《あお》られ、無理矢理投げ込みをさせられた結果、肩やヒジに異常をきたして一軍で投げられなくなったピッチャーは、僕が知っているだけでもたくさんいます。特に高校を出たばかりのピッチャーなんて、調整法がまだよくわかっていないため、ついコーチに煽られて無理をしてしまうんです。

でも、それで潰れたとしても誰も責任を取ってはくれない。そうなったら、いったい何のためのキャンプなのか、わからなくなってしまうと思うのですが、どうでしょうか。

すべてとは言わないが、野茂が指摘するように日本のコーチの中には、監督の目を意識した行動しかとらない者が多すぎる。そして、そういうコーチに限って〝アイツはなかなか熱心だ〟と言われたいがために、選手にやたらと厳しいトレーニングを課す傾向が強かったりする。結果、故障を誘発してしまうことも少なくないのだ。

ちなみに昨年のバファローズのスプリング・キャンプ、鈴木《すずき》前監督はピッチャーが投げ込んだ球数を、まるで保険外交員の契約件数のように棒グラフで示すという〝アイディア〟を導入した。しかし皮肉なことに、キャンプでの上位入賞者はペナントレースが始まると、早々とリタイアしてしまった。

野球界の閉鎖性こそが諸悪の根源

日本球界の悪しき習慣として、もうひとつどうしても納得のいかないことがあります。それはプロの選手やOBがアマチュアの選手を自由に指導しちゃいけないということ。もちろんこれは、このシーズンオフに急に感じるようになったことではないのですが……。

こんなこと普通の感覚では考えられないことです。サッカーを見てみればわかると思うんですが、プロの選手やOB、指導者たちが大手を振って高校生や大学生を教えていますよ。

野球関係者はプロもアマも口を揃《そろ》えて「少年野球人口を増やさなければいけない」と言っていますが、少年の夢を奪っているのは、むしろそういう人たちのほうじゃないでしょうか。

もし同じグラウンド内に野球場とサッカー場があって、野球場のほうにはアマチュアの指導者、いっぽう、サッカー場のほうにはラモス選手やカズ選手がいたら、子供たちは皆、サッカー場のほうに行ってしまうのは明白。

僕はプロとアマがなぜいがみ合いになったのか、詳しくは知りませんが、こんなことを続けていたら、プロもアマも共倒れになってしまうことだけはたしかです。

アメリカでは……僕はドジャースのことしか知らないですけど、ことあるごとに『レジー・スミスの野球教室』とかのイベントが、ドジャー・スタジアムで行われていました。実際に少年野球のチームを球場に呼んで、プロが手取り足取り指導するわけです。とにかく少年たちに野球を楽しんでもらおうという熱意が、日本プロ野球とじゃ天と地ほども違うんです。

こういう野球教室は、やる気さえあればプロ－アマ合同でも開催できると思うんです。野球人口の底辺の拡大は、プロ－アマ双方にとって切実な問題なんですから、過去の確執は置いといて絶対に歩み寄るべきだと思います。


アメリカのプロスポーツ界においては、アマチュアとプロは密接な関係にあり、その境界線を意識するようなことは、ほとんどない。

オリンピックを例に挙げると、それはわかりやすいだろう。以前、アマチュア選手のみが参加を認められていたオリンピックが、今では多くの競技でプロにも門戸が開かれている。そして92年のバルセロナ五輪からは、バスケットボールでもプロの選手が参加できるようになった。そのため、88年のソウル五輪まではカレッジのプレーヤーによって構成されていた〝米国代表チーム〟は、ＮＢＡプレーヤーを中枢にした〝ドリームチーム〟へと生まれ変わったのは周知のとおりだ。

この移行を米国のファンはスンナリと受け入れ、「より強いチームが作られた」と注目し、ドリームチームの人気は米国のみならず世界中で爆発した。

それでは、米国代表がプロのプレーヤーで占められるために、オリンピックに参加できなくなったカレッジの選手たちが絶望を味わったかといえば、そうではない。当時、ルイジアナ州立大に在籍していたシャキール・オニール（現ロサンゼルス・レイカーズ）をはじめ、多くの候補だった選手は次のように口を揃えた。

「そりゃ、自分も出たいけど、ジョーダンやマジック（ジョンソン）、（チャールズ）バークリーが出るんなら、そのほうがいいに決まってるさ。金メダルは間違いないし、それ以上に多くのバスケットボール・ファンは、NBAのプレーに期待しているはずだからさ。

バルセロナへは行けないけど、一生オリンピックに出られないわけじゃない。4年先にはNBAのプレーヤーとして、自分も〝ドリームチーム〟に入れるように頑張るさ」

オニールは、その言葉どおりに、96年アトランタ五輪の代表〝ドリームチーム〟のメンバーに名を連ねている。

つまりアメリカのスポーツ界においては、プロとアマチュアが対極として存在しているのではなく、一本の柱なのだ。よってプロとアマチュアの境界線もないに等しい。

昨年までNBAのヘッドコーチだった人が、今年はNCAA（カレッジ）のコーチをしているという例は、いくらでもあるのだ。長嶋茂雄氏が立教《りつきょう》大学の監督になったり、あるいは小松辰雄《こまつたつお》（中日《ちゅうにち》ドラゴンズ投手コーチ）が星陵《せいりょう》高校を率いることなど想像することすらできない日本球界とは大違いなのである。

たしかに最近では、交流試合も行われるようになり、雪解けムードをいくらかは醸《かも》しているプロ—アマ関係だが、野茂が指摘しているように今のままでは野球界の将来は暗い。ナンセンスないがみ合いは、一刻も早く終わりにしてもらいたいものだ。

ところでプロ—アマ問題に限らず、どうして日本球界はこう閉鎖的なんでしょうか。というのも、シーズンオフに日本に帰ってきた時、僕はとってもイヤな経験をさせられたんです。詳しくは言えませんが、要は帰国後に予定されていた、あらゆる対談がすべてキャンセルされてしまったんです。実現したのは江夏豊さんとの対談だけ。

僕は、久しぶりに仲のよかった選手や球界関係者と再会して、対談するのを楽しみにしていました。それなのに土壇場になって断られてしまった。

ウワサによれば日本球界の総意として、野茂英雄《ひでお》あるいは団野村氏と接触しないようにという通達が12球団に回っていると聞きました。日本野球という村社会から一度出ていった者は、もう村八分にするしかない、ということなのでしょうか?

思えば、僕がメジャー挑戦を決めた時もそうでした。各方面から、いろいろなバッシングを受けました。たしかに外に出ていく人間ですが、だからといって僕と団野村氏を目の敵《かたき》にしていったい何の意味があるのでしょう。

プロとアマが許し合えない閉鎖性。日本球界を去っていった者への閉鎖性。こういった古い体質を変えていかないかぎり、日本の野球界は夢のない世界になっていってしまいます。

そうならないためにも、異国の者に惜しげもなく新人王を与えるアメリカの度量の大きさを、日本も見習ってほしいです。

福留ドラフトに思う

プロ野球のシーズンオフの最大の話題となるのは、やはりドラフト会議なのでしょうか。

思えば6年前、僕もドラフト会議での選択を経てプロ野球入りしました。1989年

11月26日、近鉄、オリックス、日本《にっぽん》ハム、ロッテ、横浜大洋《よこはまたいよう》（当時）、阪神《はんしん》、ヤクルト、福岡《ふくおか》ダイエーの８球団から指名を受け、その結果、当たりクジを引き当てた近鉄に入団することが決まったのです。当時の監督は仰木《おおぎ》さんでした。

僕の場合は、どの球団から指名されても、きちんとした評価さえしてくれるのなら、そのチームのユニフォームを着るつもりでいました。

だから近鉄に決まった時も、別にこれといった感想はありませんでした。すぐに記者の人たちが来て、「近鉄についての印象は？」って聞かれたんですけど、まぁ、〝ブライアントがよくホームランを打つなぁ〟というくらいの印象しかなかったですね。だから僕は黙っていたんですが、するとそれがブスッとしていると思われてしまって……。

社会人時代はそんなにプロ野球を見ることもなかったので、正直言って、近鉄がどんなチームなのかわからなかったのですが……。

どこに入ることになっても一生懸命頑張ろう。自分のピッチングを押し通していこう――考えていたのは、それだけでしたから。

さて、昨年のドラフト会議ではＰＬ学園高校の３年生だった福留孝介《ふくどめこうすけ》君が、高校生としては史上最多の７球団から１位指名を受けました。

抽選の結果、交渉権は近鉄へ。僕と同じです。

でも福留君の場合は、巨人と中日が希望球団だったようで結局、近鉄へは入団しませんでした。彼が、なぜ巨人と中日を希望していたのか、それについてはわかりません。だけど、本人がそう決めたんだったら、押し通していいんじゃないでしょうか。巨人と中日以外だったら、最初から日本生命《にほんせいめい》に進もうと、自らの意志で決めていたんでしょう？　その選択が正しいとか間違っているとか、僕は他人がとやかく言うべきことではないと思うんです。本人が「この方法が自分には一番いい」と考えて決めたことなんですからね。

巷《ちまた》には「どうせプロに入るなら、1日でも早いほうがいい」と言っている人もいたようですが、僕はそうは思わない。

なぜって、僕は社会人野球に進み、鍛えられたことで今があるわけですからね。フォークボールの習得をはじめ、社会人野球を通してマスターした技術や心構えは数知れない。

世界大会やオリンピックに出ることで、世界中のいろんなバッターと対決し、視野を広げることもできた。この時の経験が後々、血となり肉となって生きているわけですから。

その意味では、福留君も社会人野球に進むことで、高校時代と違った、いろんな経験をしてるんじゃないでしょうか。都市対抗は、ある意味で甲子園《こうしえん》以上に盛り上がるし、加えて今年の夏には、アトランタ・オリンピックもある。

力が認められて全日本に入ったわけですから、コーチや先輩たちから、多くの知識を得ることができると思うんです。僕も経験しましたが、オリンピックに参加することは、福留君にとっても、大きなプラスになることでしょう。それに将来的なことを頭におけば、練習方法やコンディショニングについて、じっくり考えることもできますからね。

そして社会人野球で活躍すれば、3年後には〝逆指名権〟を得られるんでしょう。それをうまく利用して、今度こそ入りたい球団を自分で選べばいいじゃないですか。あるいは、その時には今とは違った考えになっているかもしれないけど、どちらにしても自分の将来について、新しい視点や可能性が生まれることに変わりはないんですから。

逆指名についても否定的な意見があるようですが、球団が選手よりも圧倒的に強い立場に立っている今の状況を考慮すれば、僕は決して悪い慣行ではないと思います。

ただ、なぜ社会人と大学生には逆指名権があって、高校生にはないんですか。なぜ指名順位が3位以下の選手には逆指名権がないんでしょうか。

これは福留君のような立場の高校生からしたら、絶対納得いかないと思いますよ。ある種の差別ですからね。

プロ野球もアマ野球も、もっと選手の立場に立って制度を作るべきじゃないでしょうか。

選手がいて初めて野球というスポーツは成り立つんですからね。このあたりを踏み外してはもらいたくないですね。

日本でのドラフト制度（正式には新人選手選択会議）がスタートして、昨年はちょうどまる30年を迎えた年だった。参考までにいえば、ドラフト制度は大リーグがプロフットボール界から取り入れたもので、アメリカでは「セレクション」と呼ばれていた。

そして当時、日本球界がドラフト制度を導入するメリットはふたつ存在した。ひとつは契約金高騰の抑止。そしてもうひとつは戦力の均衡化。その結果、セ・リーグでは広島《ひろしま》やヤクルト、パ・リーグでは近鉄といった、いわゆる万年Bクラスのチームが着実に力をつけ、何度も優勝を経験することになった。12球団共存共栄の新秩序は、間違いなくドラフト制度の導入によってもたらされたと断言できる。

ところがである。導入のふたつの目的のうち、ひとつ（戦力均衡）は達成され、ひとつ（契約金高騰の抑止）は崩壊した現在にいたって、もはやドラフト制度を続けていく必然性は、希薄になってしまった。

そういう時期に、プロ野球機構は社会人と大学生の1、2位指名選手に限って、逆指名権を与えるという「改革」を断行した。しかし、これが「改革」ではなく

「改悪」であったことは、誰の目にも明らかである。

野茂がはからずも指摘したように、なぜ逆指名権が高校生にはないのか。3位以下指名の選手にはないのか。この問いに論理的に答えられる者はいない。これは明白な「差別」であり、福留が「理解できません」と怒るのも無理はないのだ。

加えて、新ドラフトの翌年、フリーエージェント（FA）制度が導入されたことにより、入団に際して逆指名権を行使した者と行使できなかった者との溝は、さらに深まった。

具体的に言えば、前者は球団を選ぶ自由が二度与えられているのに対し、後者は一度しか与えられない。これは明らかに不平等であり、断じて認められるものではない。

ドラフト制度とFA制度はワンセットで考えるべきものであり、これをまったくリンクさせずに導入したところに、ボタンをかけ違えた最大の原因があったと考えられる。

これはあくまでも私見であるが、この問題を解決するには、つまるところふたつの方法しかない。

まずひとつは、アメリカ型の完全ウェーバー方式を導入すること。日本も以前はこの方法でやっていた。要するに日本シリーズで敗れたリーグの下位チームから順に、指名していくというやり方である。戦力均衡を目指すなら、これが一番いい。

しかし、これを導入するのなら、フリーエージェント（FA）の資格取得条件を今よりも緩やかにしなければならない。入り口で球団を選ぶ自由を奪われる以上は、出口をもっとオープンにする必要が出てくる。具体的にいえば、資格取得年数をアメリカと同じ6年にすべきだろう。今のまま10年にしていたのでは、ほとんどの選手が権利を取得する前にユニフォームを脱ぐことになってしまう。

ドラフトで球団を選ぶ自由を奪われ、やっと球団を出る自由を得たと思ったら、どこへもいくところはなし——というのはあまりにも気の毒な話である。

ふたつ目のアイディアは、ドラフトの撤廃である。つまりは自由競争の復活だ。ちょっとおカネはかかるかもしれないが、競争原理を最大限にいかすなら、これが一番手っとり早いかもしれない。

自由競争の復活を口にすると、きまって「巨人かダイエーのような人気のある球団がおカネでいい選手を根こそぎかき集めてしまうから反対」と言う人が出てくるが、決してそんなことにはなりはしない。

考えてもみてほしい。選手は利口である。いくら高い契約金をもらったところで試合に出られなければ、プロのユニフォームを着た意味がない。年俸だって上がらない。「自分の一番出やすい球団はどこだろう」とまず考えるに決まっている。

それが証拠に、あるヤクルトのベテランスカウトはこんなことを言っていた。

「強くなったから選手が来てくれるかって、とんでもない。特にキャッチャーは難しいね。だって〝ヤクルトに入っても、どうせ古田《ふるた》さんがいるんだから出られないでしょう〟っていうヤツばかりなんだもん。今の若い選手はプロ野球のチーム事情をよく勉強しているよ」

1、2位の社会人と大学生に逆指名権を与えたことで、事実上ドラフト制度は崩壊している。だったら思いきって撤廃したほうがすっきりするかもしれない。

いずれにしても、〝福留問題〟を契機にして、プロ野球界はすぐドラフト制度の改革に着手しなければ、今年か来年、また同じ問題で頭を抱えることになるに決まっている。改革はもう待ったなしのところにまで来ているのだ。

僕はもう近鉄の人間でもパ・リーグの人間でもないので、どうこう言うつもりはないのですが、福留君が入団しなかったというのは、近鉄にとってもパ・リーグにとっても〝逃がしたサカナは大きい〟ということになるでしょうね。

せっかくイチロー人気で盛り上がり、さぁこれからという時だっただけに、残念に思っているファンの人もたくさんいるでしょう。

だけど、入ってくれないからといって、福留君を責めるのは筋違い。むしろ今までフロントが努力してこなかったツケが、今になって回ってきたと考えるべきだと思うんです。

実際、福留君からしたら、近鉄に魅力を感じられないから入団しないわけでしょう。巨人や中日にあるものが、近鉄には感じられなかったということなんでしょう?

それが何なのか、僕にはよくわかりませんが、たとえば大阪ドームがすでに完成していたとしたら、福留君の考え方も変わっていたかもしれない。施設やそのほかの面で、他球団を凌《しの》ぐものがあったら、希望球団に加えてもらえたかもしれない。

高校生とはいえ、そのへんはいろいろと人の意見も聞き、自分なりに調べてもいるでしょうからね。札束を積み上げたら解決するとか、そんな単純な問題ではないと思いますよ。

日本のトレーナーに伝えたいこと

さて、この章の最後に、目立たないながらも実際にはこれからの日本野球の将来を左右すると言っても過言ではない、〝トレーナー問題〟について述べたいと思います。

昨年、日本に帰ってきてから僕は『ベースボール・トレーナーズ・セミナー』というイベントで、柄にもなく壇上に上がって講演をしました。

『ベースボール・トレーナーズ・セミナー』で講演する野茂。
(写真提供＝ＪＢＡＴＳ／北村崇)

プロ野球の球団に所属するトレーナーやアマチュアの指導者の人たちを前にして、トレーニングのことを話したんですけど、それは僕にとって有意義な体験でした。

じつを言うと僕は、このセミナーが始まった3年前から3回連続で参加しています。今年のように講師になったのは初めてですけど、毎年ひとりの受講者として出席しているんです。

そもそものきっかけは、やっぱり立花龍司《たちばなりゅうじ》さん（現ニューヨーク・メッツ・コンディショニングコーチ）を通してトレーニングに興味を持つようになったことなんですが、実際に参加してみるといろいろな先生のいろいろな話を聞くことができ、また情報交換ができるので、貴重な知識吸収の場として、僕なりに活用させてもらってます。

今回も僕のほかに講師として、昨年1年間、僕を支えてくれたドジャース・トレーナーのチャーリー・ストラッサーや、アメリカでも〝足の権威〟といわれるマリナーズ・トレーナーのリック・グリフィンらが、最新のトレーニング論を披露してくれたので、一受講者として大変勉強になりました。

「皆さん、こんにちは。野茂です。こういうことをするのは初めてなので、お聞き苦しいとは思いますが、とりあえず聞いてください」――。

チャーリーの後を受けて壇上に登った野茂は、不慣れを隠すこともなく、しかしハッキリとした口調で話しはじめた。そして本論に入る前、彼は主催者が用意したホワイト・ボードに〝肩作り〟の3段階を、箇条書きにしてみせた。

①メディカル・リハビリテーション（マイナス→0）

②アスレティック・リハビリテーション（0→マウンド）

③トレーニング（マウンド→1年間通して投げられる肩）

テーマは、野茂自身がこの1年間に行ったトレーニング内容。この内容に触れると、いかに野茂の昨年の活躍が科学的トレーニングによるところが大きかったかがわかるので、一部をここで繰り返すことにする。

この時は、約1年前の状態を思い出しながら話しました。

僕はみなさんがご存じのとおり、一昨年のシーズン途中で登録抹消となり、結局シーズンオフに入っても肩の痛みは治らず、日常生活にも支障をきたすほどでした。たとえばクルマを運転したり、腕を肩の高さよりも上に上げようとするだけで、激痛が走りました。

こういった日常生活を送っていても痛みが生じる状態を〝マイナス〟として、考えてほしいと思います。要するにケガ人の状態です。

〝マイナス〟の状態から脱するためのメニューをメディカル・リハビリテーションと言

います。僕はまず最初に、1ヵ月じっくりかけて炎症を抑えることをしました。そして肩の腫れがひくのを待って弱いチューブで肩を鍛え直したのです。

ちょっと専門的な話になるかもしれませんが、僕たちが腕を横に上げる時には棘上《きょくじょう》筋というのが、本来働きます。肩の動きを円滑にするためのツナギになる筋肉と言うか、伸縮性のある重要な筋肉なのですが、僕の場合はこの棘上筋がうまく機能しなかったために、肩と腕の骨がぶつかってしまうことになり、痛みを発することになったのです。

だから、この筋肉を再教育することが、チューブによるトレーニングの目的でした。

また、同時に肩の周囲の4つの小さな筋肉、つまり棘上筋、棘下《きょっか》筋、肩甲下《けんこうか》筋、小《しょう》円《えん》筋もトレーニングすることで、僕の肩痛は解消され、おかげで日常生活での支障はまったくなくなりました。また、この時点で軽いキャッチボールもなんとかできるようになりました……。

野茂のトレーニング論を聞いていると、意外なほどに専門用語が頻々《ひんぴん》と飛び出すので驚く。この書の中ではあえてかみ砕いてはいるが、彼がいかに1シーズン、チャーリーや医学療法士のパット・スクリーナーのアドバイスを理解してトレーニングに励んでいたかがわかる。そして野茂は自らトレーニング論を総括してくれた。

この講演では、僕がどのようなリハビリテーションで前年のケガを克服し、どのようなトレーニングによって、日本にいる時よりも確実に、1年通して投げられる肩を作っていったか、それを1時間くらい話しました。

でも僕が一番伝えたかったのは、むしろ、これはあくまでも僕のためのメニューであって、これを鵜呑《うの》みにして理解なしに選手たちにマネさせたりしないでほしいということでした。

じつは、この考え方こそが日米のトレーニング論の大きな違いなんです。日本は比較的、画一的なトレーニングをすべての選手に押し売りしがちなのに対して、アメリカはしっかりとパーソナル・データに基づいて個々のメニューを作る。それも本人と相談しながら。

最先端の知識はアメリカのトレーナーのほうがより理解しているにもかかわらず、それでも決して選手の意志に反してメニューを押しつけようとはしないんです。

いっぽうの日本はと言うと、選手のメニューは画一的に決めるわりに、監督に対しては進言することができない。資格のないトレーナーが多いのだから、当然なのですが、どうにもアンバランスな状況があったりするのです。

彼らの中には、未だにマッサージで何でも治せると思っているような人さえいます。

でもマッサージでは、せいぜい疲れをとったり、痛みをやわらげることができる程度。

ケガを未然に防ぐための筋力アップとか、筋肉以外のケアについては、まったく別の知識やメニューが必要なんです。

ちなみにメジャーでは、日本のようなマッサージはあまりやりません。

もし、ある選手が「ふくらはぎが痛い」と言ったら、それは単なる筋肉の張りなのか、骨に異常があるのか、足首が悪いのか、ヒザが悪いのか……、トレーナーが責任を持って調べます。

トレーナーといっても、きちんとした資格を持っていて、この痛みはマッサージでとれるとか、アイシングや手術が必要とか、きちんとした判断を下すことができるんです。だから監督にもしっかりと進言できるし、結果として選手を守ることができるわけです。

繰り返しになりますが、メジャーのトレーナーは選手自身がイヤがるメンテナンスはいっさいやりません。たとえば、ひとつの方法として〝低周波〟をあてる方法があるのですが、僕はこれが好きじゃない。結構な時間を要するので、余計に体が張ってくる感じがするのと、ジーッとしている時間に耐えられないんです。

こんな時トレーナーは、無理にこの方法を僕に押しつけようとせず、別の方法を提案してくれます。具体的には、僕はアイシングで肩や腕の張りをとるようにしています。

アイシングって、実際にやってみると、めちゃ痛いんです。皮が裂けそうな感じになってくる。だけど僕には合っているのか、あれをやると腫れがひいていくんです。だから僕はトレーナーと相談して、試合後は必ず15分間、アイシングのために使うことにしています。

アメリカではこのように選手とトレーナーの間に信頼関係があり、両者が納得したコンディショニングに関しては、監督もこれを尊重するというシステムができ上がっています。翻って日本のプロ野球はというと、最近、トレーナーの人たちがどんどん知識を増やしているにもかかわらず、未だに監督の権限が強すぎるというのが現状です。

トレーナーは「彼、肩が張ってますから、無理させないでください」と、お願いするのが限界で、それでも監督がその選手を「使う」と決めたら、誰も逆らえない。

こういった悪しき習慣がなくならないかぎり、トレーナーの意識がいくら高くなっていっても、選手の故障は減らないと思います。

また、トレーナーと医者の関係でも同じようなことが言えると思います。

選手の状態を普段から把握しているのはトレーナーのほうであって、その時になって初めてかかる医者ではないのだから、もっと彼らに責任を持たせてもいいのではないか。僕個人はそう考えるのですが、これは日本の球団とトレーナー、つまり雇う側と雇われる側双方の意識が変わらなければ改善されない問題だと思います。

最近、日本でも若くて研究熱心なトレーナーが徐々に増えてきましたから、そういう人たちがひとつの組織を作って、アメリカのトレーナーたちのように情報交換をし、もっと地位が向上していけば、今よりももっと責任ある仕事を任されるのではないでしょうか。

日本ではつい最近まで、アイシングは〝邪道〟とされてきたが、そんな日本野球に最初にアイシングを導入したのが、広島カープの福永富雄《ふくながとみお》トレーナーだと言われている。

1972年、アメリカの教育リーグでマイナーの選手たちがアンダーストッキングに氷を詰め、それを砕いて肩に当てているのを目撃したのが導入のきっかけだった。

「その頃、日本の野球は〝肩を冷やしちゃいかん〟ということで水泳さえご法度だった。だからアメリカでウチの千葉《ちば》というピッチャーに初めてアイシングした時は、ふたりとも恐る恐るやったものです」（福永氏）

あらゆる技術革新は常に、過去の常識を打ち破った者によってもたらされるのである。

ところで、アマチュアの指導者たちが最も聞きたがっていたのが、「投げ込み」と「連投」についての僕の考えでした。

日本のアマチュア野球は甲子園にしろ、都市対抗野球にしろ、トーナメント方式が多いため、ピッチャーを何人も抱えているチームなら別ですが、ほとんどのチームがひとりかふたりのエースに頼っているのが実情。ということで、おそらくこういう質問が集中したのでしょう。

僕の考え方を述べます。

基本的に僕は「投げ込み」には反対です。特に若年層のピッチャーの「投げ込み」は、肩やヒジに大きな負担をかけることになるので、感心しません。

チャーリーをはじめ、ほとんどのトレーナーがこの質問を受けて呆《あき》れたような表情を浮かべていたのは、アメリカには「投げ込み」という言葉自体が存在しないからです。投げすぎると、「そのくらいにしとけ！」と逆に注意されるくらいですから。

その代わり投げ込みは投げ込みでも技術を習得するためのものは、ある程度必要です。

僕も社会人時代、フォークボールをマスターするため、毎日20球も30球も続けて投げ込んだことがあります。いわゆる反復練習です。

ただ少年たちについては、アメリカでは絶対に変化球を教えません。ということは当然、反復練習のための「投げ込み」というのもありえません。それは、肩やヒジの障害を誘発させないためで、教えるのはストレートだけ。あと、よくてもチェンジアップまで。さすがにアメリカだけあってじつに徹底しています。

だけど日本の場合、小さい頃から活躍したければ当然、変化球を覚えたくなるだろうし、アマチュア・レベルでは大きな武器になります。

僕はそういうことまでストップする必要はないと思います。あくまでも本人の意志ですから。ただその場合は、大人が肩やヒジ、そして体の手入れを前もって教えてやる必要があります。少年たちにそうした知恵は、まだないですからね。

次に「連投」についてですが、メジャー・リーグではまずありえません。僕が見た中では、マリナーズのランディ・ジョンソンくらいです。球団創設以来初の優勝がかかっていたので、終盤は中3日、中2日でマウンドに立っていました。

でもシーズン後半になぜ彼が連投できたのかと言うと、それまでローテーションをきっちり守って、無理をしていなかったからだと思います。

僕の場合、昨シーズンの最初は肩の状態を考えて球数を制限し、徐々に球数を増やしていきました。幸い連投を命じられることはなかったのですが、連投するとわかっていれば、前もってそのための準備をしたと思います。

ただ、やはり体のできてないピッチャーが連投するのは好ましいことではないと思います。連投はあくまでも、〝非常事態〟なんですから……。

ということで僕は、昨年1年間メジャーのトレーニングを経験したことで、シーズンオフになってからも肩の好調さを保つことができました。また、その余勢をかって今年のキャンプ、オープン戦でも万全の状態で調整することができました。

本当にありがたいことだと思っています。と同時に僕は、このように選手の好調を支えられる素晴らしいトレーナーが日本にもたくさん出てくることを切に願っています。

そのために僕は、これからも何らかの形で『トレーナーズ・セミナー』のお手伝いをしたいと思っています。明日の日本野球のために。

第3章

メジャーで通用する選手の条件

新人王表彰式での感動

「ジャッキー・ロビンソン賞」って知っていますか？

全米野球記者協会が主宰する95年ナ・リーグ新人王に選ばれた僕は、今年1月、ニューヨークで行われた表彰式に出席してきました。

出席者は僕のほかにア・リーグ新人王のマーティ・コードバ（ミネソタ・ツインズ）、ナ・リーグMVPのバリー・ラーキン（シンシナティ・レッズ）、ア・リーグMVPのモー・ボーン（ボストン・レッドソックス）、ナ・リーグ、サイ・ヤング賞のグレッグ・マダックス（アトランタ・ブレーブス）、ア・リーグ、サイ・ヤング賞のランディ・ジョンソン（シアトル・マリナーズ）。

そしてルー・ゲーリッグの連続出場記録を破ったカル・リプケン・ジュニア（ボルチモア・オリオールズ）ら総勢40名。ほとんどの選手が夫人を同伴していました。

表彰式が始まり、新人王には「ジャッキー・ロビンソン賞」というタイトルがついていることを知りました。

ジャッキー・ロビンソンといえば、言わずと知れたニグロ・リーグ出身の黒人大リーガー第1号。僕からすればドジャースの大先輩です。

幸いにも、僕がこの賞をもらって席に座っていると、モー・ボーンが表彰を受け、こうスピーチをしました。

「今の若い選手は、もっと古い選手を尊敬しなければならない。私がこんなところに立てるのも、元はといえばジャッキー・ロビンソンがいてくれたおかげなのだ」

モー・ボーンは延々と、熱く語っていました。僕はこのスピーチを耳にして、ジーンときました。感動がこみ上げてくるのが実感できました。

僕も日本ではMVP、最多勝、新人王をはじめ、たくさんの賞をもらいましたが、表彰式でこんな感動的なセリフを耳にしたことは一度もない。あらためてメジャー・リーグに対する、各選手の誇りのようなものを感じました。

ジャッキー・ロビンソンは1947年にブルックリン・ドジャースの一員として、メジャー・リーグ・デビューを果たした。それは、当時ドジャースの会長であったブランチ・リッキー氏の英断が、メジャー・リーグの〝カラーライン〟を崩した歴史的な出来事だった。

だが人種差別のあったアメリカにおいて、ロビンソンはファンに温かく迎えられたわけでは、もちろんなかった。

「どうして綿畑に帰らないんだ!」と観客席から罵られたうえに、ドジャースとの対戦を拒否しようと動くチームさえあった。遠征先ではホテルに部屋の提供を拒否されたこともあった。

それでもロビンソンはおもに二塁手として活躍し、この年の新人王を獲得。これについて『スポーティング・ニュース』紙は、次のように評した。

「ロビンソンが味わった社会学的実験、彼が打ち倒した差別の壁というものは、今回の選考にはいっさい考慮されていない。彼は新人選手として扱われ、チームへの貢献、そして個々の成績を基に新人王に選出されたのである」

ロビンソンは公式記録として残っているメジャー・リーグ、ナショナル・リーグの最初の新人王である。その功績にちなんで、新人王は今でも「ジャッキー・ロビンソン賞」と名づけられている。

また、この表彰式ではたくさんのスター選手たちと会話をかわす機会がありました。最初は、ヤンキースのデビッド・コーン。彼はニューヨーク・メッツ、トロント・ブルージェイズ、カンザスシティ・ロイヤルズ、ニューヨーク・ヤンキースを渡り歩き、8年連続2桁勝利を挙げているメジャーの代表的右腕。

94年にはロイヤルズでサイ・ヤング賞に輝いているので知っている人も多いと思いますが、表彰式で偶然、彼は僕の隣の席に座ったのです。

僕が「今日はコーンの隣に座れて幸せです」と挨拶すると、コーンも「オレもノモの隣に座れるなんて思ってもみなかった。今日はとても嬉しいよ」と言葉を返してくれました。

しかも、そこにたまたまあったコーンの野球カードを差し出して「サインしてください」と頼むと、ふたつ返事でペンを走らせてくれた。いい思い出ができました。

僕が尊敬してやまないマダックスからは「グッド・シー・ユー」と、握手を求められました。マダックスとはオールスターでたった一度会っただけなのに、はっきりと僕のことを覚えていてくれた。これも嬉しかったですね。

そして、このパーティーのトリを務めたのは、言うまでもなくカル・リプケン・ジュニア。

プレゼンテーターが「カル・リプケン・ジュニア〜！」と、彼を高らかに紹介した瞬間、会場中が、総立ちになり拍手の渦。そう、スタンディング・オベーションです。誰もがリプケンを愛し、尊敬しているんです。

そういえばデトロイト・タイガースを退団することが決まった名将スパーキー・アンダーソンが、「辞めるにあたり、オレの野球人生の中でふたつ、素晴らしい思い出がある」とスピーチしていました。そのふたつのうちのひとつが、リプケンが新記録を達成した試合を目の前で見られたことだというんですね。

会場には選手の家族や一般のお客さんたちが600人も集まっていたのですが、もちろん、このスピーチにも拍手喝采です。会場に集まった全員が、10数年もの間休むことなく試合に出続けたリプケンの記録の偉大さを知っていて、心から敬意を表していました。

はたして、日本ではどうだったのでしょうか?

広島カープの衣笠祥雄《きぬがささちお》さんが連続出場の〝世界記録〟をつくった時、球界やファンやマスコミは、この記録に対して、どのくらい敬意を払っていたのでしょうか。

聞いたところでは、カル・リプケン・ジュニアは衣笠さんのこの記録を知っていて、こんなコメントまでしているそうです。

「ホームランの数ならば球場の広さが関係してくるから、他国のリーグと単純に比較することはできない。しかし連続試合出場の記録というものは、そういった外的要因に左右されないものであるから、ほかのリーグで戦う選手と条件は同じである。

私はたしかに、ルー・ゲーリッグの記録を破りはしたが、決して世界一ではない。世界一は日本のキヌガサなのだ」

また、これも聞いた話なのですが、リプケンの所属するボルチモア・オリオールズは、彼が世界記録を打ち立てるであろう試合に、なんと衣笠さん本人を招待する予定だとか。以前、オークランド・アスレチックスのリッキー・ヘンダーソンが盗塁の世界記録を樹立する試合に、それまでの記録保持者だった福本《ふくもと》豊《ゆたか》さん（元阪急《はんきゅう》ブレーブス、現野球解説者）をアメリカに招待して、始球式を頼んだということがありましたが、今回もそれと同じように衣笠さんをゲストとして迎えようというのでしょう。

本当にアメリカという国は、懐の深い国です。国籍もリーグも関係なく、偉大なプレーヤーには惜しげもなく敬意を表する。日本もそういうところは見習って、衣笠さんみたいに偉大な足跡を残した人のことを、もっと讃《たた》えてしかるべきだと僕は思うのですが……。

さて、僕のスピーチですが、ありきたりのことを言っただけにもかかわらず、会場中から大喝采をいただきました。

「僕にチャンスを与えてくれたドジャースにまず感謝している。そのチャンスに力を貸してくれたチームメートにも感謝している。そして最後に、この日本人の僕に、いい思いをさせてくれたアメリカという国に感謝している」

自分の気持ちを、ただ正直に述べたままでのことです。

それなのに、彼らは盛大な拍手で僕を祝福してくれた。ここでも、あらためてアメリカという国とメジャー・リーグの素晴らしさを知ることができた。彼らは、僕のやってきたことをきちんと評価してくれたんです。

ベースボール、ひいてはメジャー・リーグはアメリカが生み育んだ素晴らしい文化だと僕は思っています。そして今、もうすでにメジャー・リーグは、アメリカという枠を超えた世界規模の野球を形成している。僕が、このような表彰式に出られたことも、メジャー・リーグの度量の大きさの証明と言えるでしょう。

門戸はいつでも、誰にでも開かれているのです。

イチローの可能性

海外の選手にも門戸が開かれているアメリカ。この章ではメジャーで通用する条件を、バッターとピッチャーに分けて、考察してみます。

日本のピッチャーの中にはメジャー・リーグで通用する選手がいても、日本のバッターでは難しいだろう。そんなふうに思っている人は結構多いようで、僕の耳にも届きます。

はたして、そうなのでしょうか。

第1章で僕は、メジャーと日本のバッターの違いは「スイングの速さとパワー」であると言いました。これは昨年1年間、実際にメジャーのバッターと対戦してみての素直な感想です。

でも、だからといって〝バッターは通用しないのだからメジャー・リーグには挑戦しないほうがいい〟なんてことは、僕は全然思っていません。日本のバッターが、メジャーで活躍する可能性は、十分にあります。

なにしろ、まだ誰も挑戦していないじゃないですか。なのに、通用しないと決めつける根拠がいったい、どこにあるのでしょうか。何事も、やってみなければわからない。当然のことでしょう。そして——。

「メジャー・リーグでやってみたいと思いますか」

そんな質問を受ける機会が一番多い日本のバッターは、やっぱりイチローだと思います。

野茂がメジャーで大成功をおさめたことにより、メジャーで勝負したいと公言する選手は、かつてとは比べものにならないほど増えてきた。

しかし、実際、成功するか否かという話になると、ピッチャーと野手との間には、高いハードルが横たわっているといわれている。

なぜかといえば、メジャー・リーガーと日本人選手とを比べた場合、最も差があるのは、野手にとって必須科目である肩と足であり、これは一朝一夕にして克服できるものではないと思われているからだ。

広い大リーグの球場では、どんなに強打者であったとしても、肩が弱く足が遅ければ通用しない。日本球界には、これまで４００人を超える選手がアメリカからやってきているが、そのほとんどが、足と肩に不安を抱える、峠を越えた選手たちである。

彼らは最初から日本野球を目指したわけではなく、メジャー・リーグへの夢破れて、あるいはメジャーのスピードやパワーからふるい落とされて、日本にやってきたのだ。

１９８５年、日本のプロ野球界を空前のタイガース・フィーバーが席巻した。21年ぶりの優勝。そして2リーグ時代になってから初の日本一。その立役者は、打率3割5分、54本塁打、１３４打点で三冠王に輝いた3番、ランディ・バースだった。

バースは翌年も打率３割８分9厘、47本塁打、１０９打点という素晴らしい成績で2年連続三冠王に輝き、日本プロ野球史上、最強の助っ人外国人との評価を不動のものにした。

たしかにバースの力感的で、かつ柔軟性のあるバッティングは、〝速いボールには滅法強いが、変化球にはもろい〟という、これまでの助っ人のイメージを一新した。

加えてバースは頭がよく、ライトからレフト方向に向かって吹く甲子園球場の浜風を利用して、レフトスタンドにホームランを狙い打った。バースと3、4番コンビを結成した掛布雅之《かけふまさゆき》（現野球解説者）は「あれほど、やわらかく力強いバッティングをする選手は見たことがない。いろいろな点で、僕も勉強になった」と語っている。

しかし、そのバースもメジャー・リーグでは実働6年で130試合に出場、打率2割1分2厘、9本塁打、42打点という平凡な数字しか残していない。歯に衣着せずに言えば、メジャーでは失格の烙印を押されたため、日本にやってきたというわけである。

当時の外国人記者たちの話を紹介すると、バースの場合、バッティングには見るべきものがあったが守備範囲が狭く、足も決して速いほうではないとあって、アメリカに残っていたとしても、メジャーで大輪の花を咲かせることは不可能だったろう、ということである。

当時はメジャー・リーグも、球団のエキスパンション前ゆえに生き残り競争も激しく、その意味ではバースはベストの選択をしたというわけだ。

そういう視点で日本の野手の可能性を探った場合、最も高い可能性を秘めた選手がイチロー（オリックス）であることに対し、異論を投げかける者はいないだろう。

イチローがメジャー・リーグで活躍できる可能性は、ここ2年間の数字が、ハッキリと物語っている。

1994年、130試合出場、打率3割8分5厘、13本塁打、51打点、盗塁29。1995年、130試合出場、打率3割4分2厘、25本塁打、80打点、盗塁49。数字で示された達人級のバッティングと足の威力に加え、外野手としての守備も申し分なく、彼こそはメジャー・リーガーの資質を最も備えた日本人プレーヤーということができる。年齢も23歳と若く、これからさらにグレードアップする可能性を秘めている。

ところで、1990年代に入って、パ・リーグの野球は大きく変貌した。それをイノベーションと呼ぶなら、ひとえにそれは球場の拡張化に原因はあった。

91年のグリーンスタジアム神戸《こうべ》、92年の千葉マリンスタジアム、さらに93年の福岡ドーム。パ・リーグはセ・リーグよりもひと足先に〝箱庭野球〟に別れを告げたのである。

球場拡張化時代に乗り遅れた近鉄も大阪ドームの建設に乗り出し、97年に本拠地を移すと明言している。

球場の拡張化により、打つだけしか能のない腹の出たプレーヤーは、生存を許されなくなってしまった。そんな中、彗星《すいせい》のように現れたのがイチローなのである。

彼こそはモダン・ベースボールの旗手といっていいだろう。

バッティングは言うまでもなく、彼は足と肩両方で野球の近代化に貢献した。内野安打数は2年続けて両リーグ最多。ファーストまでの全力疾走は、相手内野陣に極度の緊張を強い、肩やダッシュに問題のある野手に〝プロ失格〟の烙印を押すことに成功した。

その結果、パ・リーグには次のような〝笑い話〟まで誕生した。

某球団のピッチング・コーチが語る。

「最近のパ・リーグのピッチャーは腹が引っ込み、皆、スマートになってきただろう。あれはイチローの内野安打を封じるため、皆ファーストまで全力疾走でベースカバーに入るためなんだよ。チンタラ走っていると、イチローに追い抜かれちゃうからね。オリックス戦の前は、投内連携の練習で懸命に走らされるから太るヒマもない。まぁ、これも一種の〝イチロー効果〟かな」

また、イチローの足に悩まされたパ・リーグの5球団は、彼の強肩にも随分ひどい目に遭わされた。

あまりにも有名なシーンは昨年7月2日。5・5ゲーム差をつけて迎えた対西武戦。

1回裏の攻撃で西武は、2死二塁から3番佐々木《ささき》がセンター前へ。誰もがホームインと思った瞬間、イチローのバックホームがツーバウンドでキャッチャー中嶋《なかじま》のミットに突き刺さった。ホームベースの寸前で二塁ランナーのジャクソン（現サンフランシスコ・ジャイアンツ）はタッチアウト。

それを目のあたりにした当時西武コーチの伊原《いはら》は「優勝は難しいなァ。オリックスの力は我々が想像している以上だ」とカブトを脱がざるをえなかった。これはパ・リーグの盟主交代を告げる象徴的なシーンでもあった。

イチローの肩は日本シリーズ第1戦でも爆発した。2回2死満塁の場面、バッター荒井《あらい》（現近鉄）の打球はライト前へ。イチローは捕球するなり矢のような返球を送り、俊足の二塁ランナー真中をホームベースで刺してみせた。

しかし、そのプレーについてイチローは「あんなのウチでは当たり前」と事もなげに言い切った。試合には敗れたものの、野球の質はヤクルトあるいはセ・リーグよりもこちらのほうが上、とでも言わんばかりに——。

イチローを初めて見たのはジュニア・オールスターで彼がMVPを獲った時ですから、今から4年前。テレビで見たのですが、「いい選手が出てきたなァ……」と、まず思いましたね。

第一印象は〝上から当てにいくバッター〟じゃなく〝振りきるバッターだなァ〟とい

うもの。体は細いんですが、きちんとバットを振り抜いているんですよね。それでいて足も速いし、魅力的な選手だなァ、と……。

こういうバッティングなら長打が打てるし、力負けすることもない。それでいて足も速いし、魅力的な選手だなァ、と……。

もちろん、ピッチャーからすればコツコツ当ててくるバッターはイヤなんですよ。だけど、ひとりのバッターとして見た場合、やはり振り抜くほうが怖いし、魅力的に映る。ヒットよりもホームランのほうが、こちらが受けるショックも大きいですからね。

ブライアントがそうだったでしょう。三振も多いけれど、バットの芯に当たると、とんでもないところまで打球が飛んでいく。同じ配球で3打席、凡打に切ってとれたとしても4打席目にはガツーンとホームランを打たれてしまう。あるいは9回打ちとっても、10回目にはスタンドに持っていかれてしまう。これが怖いわけですよ。

そういうバッターの長打力を踏まえて投げるのと投げないのとでは、精神面にかかる負担はまったく違います。どんなにいいバッターでも〝ここはヒットですめばいいや〟と考えを切り換えれば、そう心配することはない。

ところがホームランは、それ1本で負けにつながることがある。だから一発のあるバッターに対しては、こちらもより慎重にならざるをえない。要するに〝たまに〟が怖いわけです。

イチローの場合、ヒットもホームランも両方打つことができる。ホームランを打てるボールは、かなりいい確率でスタンドにまで持っていくでしょう。

これは一流のバッターの証拠といえるんじゃないかな。とにかくイチローが、非凡な才能の持ち主であることはたしかですよ。

バットを振り切るということは、簡単そうでいてじつは難しいことなんです。多くのバッターは皆、期待されてプロ野球に入ってくるわけですが、それでも一軍のレギュラーとしてバットを振り切れる人は、そう多くはない。

本当は誰だって思いきり振り抜きたいと思っていると思うんです。実際、アマチュア時代はホームラン・バッターだったのかもわからない。

でも、いざプロ入りしてみると壁に当たってしまう。プロのスピードについていけない。自分よりもパワーのある選手に格の違いを見せつけられる。

そして自分のスタイルを変えていくんです。これからもプロで生きていこうとした時に、ホームランでなかったら何で生きていくのか。守備を完璧にしたり、バントや走塁を練習したり、自分にできることからモノにしていく。

おそらく、その過程で選手は脇役に徹することを覚悟するんだと思います。本当は主役でやりたかったけれども、仕方なしに諦めるんでしょうね。

だからこそイチローは立派なんです。一軍でレギュラーを張る今となっても、自分のスタイルを変えずにやっている。挫折することなく、あくまで主役として〝振り切る〟

ことに徹している。だから魅力的なんです。

ところで、マスコミの人たちは何かと、イチローのプロ入り第1号ホームランが僕から放ったものだということで、ドラマ性を見いだしたがってるようです。

でも、そんなことは本人たちにとっては、どうでもいいことなんです。あの頃、僕は肩の調子が悪くて、自分のことで精一杯だった。だから正直言って、イチロー君とのいくつかの勝負はよく覚えていないんです。

おそらく彼も、過去のゲームのことをいつまでも覚えていたりしないと思いますよ。これから何本も打つホームランのうちの1本が、たまたま僕からだったというだけのこと。

僕だって、清原《きよはら》さんとの初対決は三振でしたけど、そんなことはどうでもいいことだと思っています。清原さんのほうだって、もう忘れてると思いますよ。意識の中にもないでしょう。

だから、イチロー君の将来性を考えれば、僕から奪ったホームランを思い出にして生きるようなバッターじゃないと思うんです。

まぁ、マスコミに聞かれれば〝野茂さんのフォークは凄かった〟とか、多少のリップサービスはするでしょうけど、それはあくまで社交辞令ですよ。

「そんなイチローと、再び対戦してみたいですか？」――こんな質問も何回か受けました。

おそらくイチローはメジャーで通用するか、という意味合いも含まれているのだと思うのですが、それは何とも言えません。

メジャーに来さえすれば、通用する可能性は十分にあると思いますが、本人が来なければしょうがない。それよりも今年は、日本で野球をしているわけですから、またプロ野球を沸かせてほしいと思いますね。

メジャーで通用するピッチャー

今度は、巷間《こうかん》「バッターよりもいけるのではないか」と言われる日本人ピッチャーについて、その可能性を探ってみたいと思います。

「野茂さん、どういうピッチャーがメジャーで通用すると思いますか？」

最近、会う人ごとにそう聞かれます。

正直、それについても明確には答えられません。なぜなら「アメリカに行く」という行為が先であって、成功するか否かという問題は、その後についてくるものだと思うからです。

だから、まずは「行って、やる」こと。バッターの可能性の際にも述べたと思いますが、これが大前提です。どんなにいいピッチャーでもアメリカに来る気がなかったら、通用するはずもないでしょう。日本の野球でいいと思っている者の、メジャーでの可能性をウンヌンするというのも、何だか変な話です。

その意味で言えば、今、一番メジャーに近いピッチャーはマック鈴木《すずき》（現シアトル・マリナーズ）じゃないでしょうか。彼と一緒に自主トレをしていましたが、20歳とは思えないような凄いボールを投げます。いや、ホント。〝素質の違い〟を感じてイヤになってくるくらいですよ。

ご存じのようにマックは、日本球界では何の実績もありません。甲子園にも出場していません。まったくの無名選手でした。

しかし「メジャーでやる」という意志を持って渡米し、メジャー予備軍の中で鍛えられているうちに、あれだけのピッチャーに成長したのです。この事実は、実績のないプロのピッチャーやアマチュアのピッチャーに、大きな自信をもたらしたはずです。

最近、日本のプロ野球を経験することなく渡米し、メジャー・リーグを目指す選手が多くなっていますが、その先駆けはマックなんです。

挑戦すれば、成功もあれば失敗もあります。でも挑戦せずして成功はありません。何度も言いますが挑戦しないことには始まらないのです。

メジャーで通用するかしないか、それは誰が判断するものでもなく、実際にアメリカへ行って野球をやってみて初めてわかること。たとえば、ピアザのような選手と巡り合って一緒に練習して、一緒に上手くなっていくということだってあるかもしれない。

環境との順応、チャンスとの巡り合わせ、というのは100人いれば100通りあるわけですから。

話が少しそれますが、僕は学生時代、将来のプロでの活躍を期待されるほどの選手ではありませんでした。小学校、中学校の時にリトルリーグの有名なチームに入っていたわけでもなく、高校時代に甲子園に出場したわけでもありません。

低いレベルとされる場所で僕は野球をやってきました。でも、それが結果として、よかったと思っています。

少年期においては特に、体の成長、能力の開花時期というのは個人によって大きな開きがある。もし僕が、小学生や中学生の時に強いリトルリーグのチームに入っていたら、能力の開花を待たずに、ガツンとやられて自信をなくしていたかもしれない。早々に〝ピッチャー失格〟の烙印を押されていたかもしれない。

また、高校の時に甲子園常連校に行っていたら、絶対に勝たなければならないというプレッシャーの中で酷使されて、潰されていたかもわからない。

環境というのは、自分で整えることのできる種類のものではないでしょう。何が幸いするか、何が災いするかなんてわからないんです。

だからこそ、日本のプロ野球チームにドラフトされなかったからといって、あるいは実績がないからといってメジャーではとても通用しないなどと諦めることはないのです。そのことは、きっとマックが証明してくれると信じています。

メジャーで活躍するための第1条件は、やはり強い意志なのです。

ＭＬＢ（メジャー・リーグ・ベースボール）をはじめ、ＮＢＡ（ナショナル・バスケットボール・アソシエーション）、ＮＦＬ（ナショナル・フットボール・リーグ）、ＮＨＬ（ナショナル・ホッケー・リーグ）がアメリカでは4大プロスポーツと呼ばれている。

その中でチーム自体が充実した下部組織（マイナー・チーム）を有しているのは、ＭＬＢだけである。

ＮＢＡ、ＮＦＬではカレッジを卒業すると同時に、コートやフィールドで即戦力として活躍する選手が必ずいるが、ＭＬＢでは、そういった現象がほとんど見られない。メジャー・リーガーのほぼ全員が、マイナー・リーグを経験しているのだ。いかにファームの層が厚いかを物語っていると言えるだろう。

3A、2A、1A、ルーキー・リーグからマイナーは形成されている。様々な面でのメジャーとの格差は、ここであらためて説明することはしないが、元ドジャースで現在は日本ハム・ファイターズに所属しているキップ・グロスは、次のように話している。

「ベースボールをやるうえで、メジャーに上がれるか否かは、選手にとって重大な問題だ。アルバカーキ（ドジャースの3Aチーム）で、試合後にロサンゼルスへ行くように告げられた。メジャー昇格さ。行ってみると、翌日に即先発なんだ。どうやらダブルヘッダーの連戦でピッチャーが足りなかったらしい。第1試合に投げて、抑えたらロサンゼルスに残れるし、打ち込まれたらアルバカーキへトンボ返りさ。

オレは何度もロサンゼルスとアルバカーキを往復したけど、第1試合で打ち込まれて、まだ第2試合をやっている最中に球場を出て空港に向かう時は、いつもみじめで悔しかったよ。必ず、もう一度、ロサンゼルスに戻ってやるんだ……と強く思った。

メジャーでやるためには、何よりも〝メジャーでやるんだ〟という確固たるボリション（意志）が必要なんだ」

また、4年間のマイナー経験を積んでメジャーに昇格したピアザも、メジャー2年目となる93年に、こうコメントしている。

「ベースボールは楽しんでやるべきだと思うし、そうしている。でも、その前提として、ボリションが必要だ。セーラム（ルーキー・リーグ）、ベロビーチ（1A）、ベーカース・フィールド（1A）、アルバカーキ（3A）と4年間プレーしてきたが、その間、たしかなモチベーションを保ち続けることができたからこそ、現在の僕があるんだ」

ふたりの言葉「ボリション」は、野茂の言うメジャーで活躍する第1条件と一致している。

では、メジャーで通用するには何が大切か。「志」を別とすれば、スピードよりも球威よりも球のキレやコントロールだと、僕は思います。

僕自身、メジャーで何番目くらいの球威があるかといえば、決して指を折る中には入らないでしょう。それよりもボールのキレであったり、コントロールが優先する。コントロールといっても、ただストライクが取れればいいというものではない。どのコースに、どういう意図で、どんなボールを投げるかということが問われてくるんです。

アメリカの野球は、マイナー時代から投げたボールの「意図」について、コーチとの間で徹底したディスカッションが行われます。決め球だけではなく1球1球、ピッチャーはその「意図」を説明しなければならない。

そこで、きちんとした説明のできないピッチャーは、まずメジャーには行けません。ただ速いボールを投げるピッチャーだったら、マイナーにいくらでもいる。だけど、そういうピッチャーが必ず成功するかといったら、答えは「NO」でしょう。

江夏さんなんかもよく言いますが、やっぱり野球は「頭」なんですよね。ファミコンゲームのように、組み立てを自分自身で考えなくちゃいけない。また、そこがピッチャーの面白いところだと思うんです。

そこで、すぐ思い浮かぶのが4年連続サイ・ヤング賞投手のグレッグ・マダックス（ブレーブス）。ご存じのように、彼はそんなにもの凄いスピードボールを投げるわけではない。ボールのキレとコントロールで勝負する典型的なピッチャーです。

でも彼は、今話題の『ウィンドウズ95』を開発したマイクロソフト社のビル・ゲイツのように冴《さ》えた頭脳でもって、バッターを打ち取るんです。その結果、メジャーのナンバーワン・ピッチャーと呼ばれている。

ある日、テレビをつけたら彼は言っていました。

「ピッチャーで大切なのはコントロールと（スピードの）緩急さ」と。彼のピッチングって、ホンマきれいでしょう。これは日本人のいいお手本になると思うんです。

日本では、巨人の桑田真澄《くわたますみ》さんが「将来は大リーグでやりたい」と明言しています。ヒジの問題があるから、実際はどうなるかわかりませんが、桑田さんが求めているものは、まさにマダックスのピッチングだと思うんです。

防御率を限りなくゼロに近づけ、負け数を少なくする。もちろん1球1球に対して、きちんとした裏付けを持ってやる。もしリハビリが順調にいき、メジャーに来るチャンスがあるのなら、十分に成功するピッチャーのひとりだと思います。ただ、それ以上のことは僕にはわからない。何度も言うように、来るか来ないかは、あくまでも桑田さん自身の問題ですから……。

昨年夏、右ヒジの手術を受け、現在はリハビリ中の桑田だが、メジャー行きの可能性は依然として消えていない。かつてシンシナティ・レッズやサンフランシスコ・ジャイアンツが獲得の意志を示したことでも明らかなように、復帰を果たせば、再び身辺が騒がしくなることが予想される。

とかくウワサが伝えられる桑田だが、彼のメジャー志向は揺るぎない信念と向上心の表れだと素直に受けとめるべきだろう。

かつて桑田は、こう言ったことがある。

「今の大リーグ、速球派で力任せのピッチャーが主流かといえば、必ずしもそうとはかぎらない。マダックスやグラビン（ブレーブス）、コーン（ニューヨーク・ヤンキース）をはじめ、コンスタントに成績を残しているエース級は、みんなコントロールと変化球がいいんです。そして好不調の波が少なく、安定している」

その発言の裏からは「自分のようなピッチャーこそ大リーグの主流になってい

る」という自負がハッキリと読みとれた。

その一方で、かつてアマチュアの全日本チーム監督を務めた山中正竹《やまなかまさたけ》氏（現法大監督）は、アメリカやキューバに通用する基準として、「145キロ＋サムシング」理論を掲げた。

「ストレートは最低145キロ。それに加えて三振を取れるウィニング・ショットが必要」というのが、彼の見解であった。

野茂のフォーク、石井丈《いしい》（西武）のパーム、潮崎《しおざき》（西武）のシンカー（彼らは皆、ソウル五輪メンバー）は、こうした〝山中理論〟に合致するものであった。

この〝山中理論〟をひとつの目安として、日本のピッチャーのメジャーでの可能性を探れば、ベイスターズの佐々木《ささき》、ブルーウェーブの野田《のだ》、マリーンズの伊良部《いらぶ》（現ニューヨーク・ヤンキース）、ジャイアンツの斎藤《さいとう》、ドラゴンズの今中《いまなか》……といったピッチャーの名前が、すぐ頭に思い浮かぶ。

145キロ以上のストレートと、比類なきウィニング・ショットを持つ、実績のあるエース級である。

明日の大リーガーたちへ

メジャーを目指すピッチャーに覚えておいてほしいことがあります。

よくアメリカのストライク・ゾーンは〝外角に甘く、内角に辛い〟と言われますが、たとえそうであっても「ピッチャー有利」と単純に言い切ることはできません。メジャーのバッターは思い切って踏み込んでくるし、そうなればアウトコースのボールだって簡単に届いてしまう。「外角にさえ投げておけば安心」なんて、無責任に言うことはできません。

そうでなくても、メジャーのバッターはフルスイングしてきますからね。甘いボールはまず見逃さないし、高めの失投は誰でもオーバー・フェンスする力を持っています。だから僕も、日本でやっていた時のように高めのストレートで勝負する機会は、メジャーに来てグーンと減りました。ピッチング・コーチも、その点だけは口を酸っぱくして注意します。何度も痛い目に遭ったので、その必要性はよく理解しているつもりです。

それと、これも第１章で述べましたが、ファースト・ストライクの取り方には細心の注意が必要です。それがたとえ初球であろうとも、ノー・スリーからの球であろうとも、メジャーのバッターは思い切って狙ってきます。

特にノー・スリーの場合、日本なんかだと「１球待て」のサインが出たりするチームもあるようですが、こっちではそんなことはありません。フォアボールを選ぶことよりも、打って塁に出る、それこそがベースボールの原点だと思っているのです。ノー・スリーから打ってでて、凡打に終わったからといって、日本のように怒られることもありません。

そういった野球に対する日米の考え方の違いは、サインひとつとってもわかります。日本に比べてアメリカのサインが単純だということは、よく指摘されることですが、要するにアメリカでは、プレーが始まったら選手に任せるという意識が強いんです。ピッチャーはキャッチャーとのコミュニケーションの中で、思いっきりボールを投げる。

バッターは、そんなボールをただ思い切り打つ。

1球ごとにベンチを振り返ったり、三塁コーチのシグナルを確認したりという日本的な野球は、アメリカには存在しないんです。これはもちろん、善し悪しの問題ではありません。ただの習慣の違いです。文化の差です。

たしかに、日本の中でもチームによって色合いはそれぞれ違うでしょう。実際、僕がいた頃の近鉄と西武では、全然野球が違いました。

近鉄は、ブライアントや石井《いしい》（浩郎《ひろお》）さん（現巨人）のバッティングに象徴されるように、思い切りのいい〝いてまえ野球〟。相手ピッチャーのクセなんか気にしない野球でした。

いっぽうの西武は、ベンチや三塁コーチの指示どおりにキチッとゲームをすすめる

〝緻密な野球〟。僕が投げている時なんかも、クセを見抜いて「ストレートだ！」「フォークだ！」と、チーム一丸となってバッターに指示を送っていました。もっとも清原さんなんかは「オレはピッチャーのクセを見ようとすると打てなくなるから、見ないようにしている。ただ来た球を打つ、というほうが結果がいいんだ」と言ってましたけど……。

話を元に戻しますが、とにかく日米の野球には違いがあるということです。アメリカの野球は単純かもしれませんが、豪快です。サインやクセを盗むといった嫌らしさはありませんが、その分、個々のバッターの能力によって打ち負かそうと挑んできます。

個人的な趣味から言えば、アメリカの野球のほうが僕の性には合っていますが、これからメジャーに挑戦しようとする若い人たちには、日米の野球の違いや自分との相性なんかも知ったうえで、チャレンジしてほしいと思います。

それともうひとつ、メジャーを目指すピッチャーに覚えておいてほしいこと。

それは、ウィニング・ショットを持ってほしいということです。メジャーのピッチャーはみんな、それぞれにウィニング・ショットを持っています。そして、そのボールがあるからこそ幾多のピンチを凌ぎ、第一線で活躍しているのです。

別に特別な球種である必要はありません。カーブでもスライダーでも、あるいはストレートだってかまわない。要は、ここ一番という時に、自分が自信を持って投げ込めるボール、それがひとつあればいいんです。

僕の場合だったら、やっぱりフォークでしょうか。

今までにも再三述べているとおり、あくまでもストレートあってのフォークなのですが、このボールがあったおかげで、僕は昨シーズン、幸いにも奪三振王を取ることができました。別に意識して三振ばかり狙っていたわけではないのですが、ここぞという場面では自分を楽にすることができる。僕にとっては、そういうボールなんです。

しかし、このウィニング・ショットというのは、人から教わってどうこうなるものではありません。自分で工夫し、繰り返し練習してマスターするものです。

「昨シーズン、近鉄からヤクルトに行って活躍した吉井のフォークは、野茂が伝授したものだ」——そう思い込んでいる人が多いようですが、伝授なんてとんでもない話です。本来、変化球というものは教わったとおりにやって、すぐ投げられるような簡単なものではないんです。

肩やヒジや手首の強さ、手のひらの大きさや指の長さに個人差があるわけですから、人と同じように投げて同じように変化するわけではない。僕が吉井さんに言ったのは、ごくごく基本的なことだけで、それを自分のモノにしたのはあくまでも吉井さん自身なんです。

だから、若い人たちにも自分で工夫して、何度も試行錯誤を繰り返しながら、自分だけのウィニング・ショットを開発してほしいと思います。

僕も今のフォークボールを自分のモノにするまでに、１年の歳月を必要としました。社会人の時には、それこそ１日に何十球もフォークばかりを練習していました。そうしてマスターしたボールだからこそ、今、自信を持って投げられるのだし、打ち取った時の喜びも大きいのだと思います。

狙ったとおりに三振を取れた時の喜び、それは何物にも代えられないものがあります。これまた、僕の好きなモノのたとえで恐縮ですが、思いどおりにファミコンを攻略した時のようなものと言ったらわかってもらえるでしょうか？

ピッチャーの中には「見逃しのほうが気持ちいい」「いや、空振りのほうがスカッとする」と、三振の種類にまでこだわる人がいるようですが、僕にはそういうこだわりはありません。ひとつはひとつ。見逃しであれ空振りであれ、三振に変わりはないですからね。

とにかく、自分が絶対的に自信を持っている武器で、相手バッターをねじ伏せていく。この快感を何度となく味わえるよう、自らのボールを磨いてほしいと思います。

最後に、僕が最近気にかけていることというか、興味を持っているテーマについて書きたいと思います。はたしてそれが、これからメジャーを目指す人たちの参考になるかどうかはわかりませんが……。

僕が最近興味を持っていること。それは、ピッチャーが醸しだす「風格」のことです。かつて、マウンドに立つロジャー・クレメンス（現トロント・ブルージェイズ）の、えも言われぬ「風格」について述べたことがあると思います。彼は、マウンド上で特別なパフォーマンスをするわけでもないのに、いつも堂々としていて、つい見とれてしまうような独特の雰囲気を持ったピッチャー。僕の憧れの選手と言っても過言ではありません。

その彼が、どうしてあそこまでの「風格」をたたえているのか、僕は時々考えるんです。

これはマダックスやランディ・ジョンソン（マリナーズ）にも言えることですが、メジャー・リーグの中でも不思議なオーラを発するピッチャーが何人かいます。いったい何なんでしょうか、あの周囲を圧倒する「風格」の正体は……。もちろん、答えがそんな簡単に見つけられるはずはありません。また、僕がクレメンスやマダックスのようになりたいと思っても、どうやったらなれるのか見当もつきません。

ただ僕は、心の中でおぼろげながら、こう思っています。ピッチャーとは本来、そういうものなのではないかと。いや、そうあるべきなのではないかと。

グラウンドの一番高いところに立って、観客の視線と期待を一身に浴び、その中で相

2年目を迎えた野茂にも大リーグの投手としての“風格”が現れている。

手打線に戦いを挑んでいく孤高の存在。打たれれば、ただひとりグラウンドを去っていかなければならない代わりに、抑えた時にはチームメートからの信頼と尊敬と、観客からの賞賛を独り占めできる存在。それがピッチャーというものなんだと思います。

　そしてクレメンスやマダックスやジョンソンは、そういったプレッシャーの中で常に素晴らしい仕事をすることでエースと呼ばれ、見るものの期待に応え続けることで主役としての「風格」を備えていったのだと。

　歌舞伎だって懸垂幕に出ているような主役を観に行くわけでしょう。たとえば坂東玉《ばんどうたま》三郎《さぶろう》さんとか。言い方は悪いかもしれませんが、脇役を観にいく人は少ないと思います。

　ＮＢＡの試合でも、そう。やはり僕の視線はいつもマイケル・ジョーダンに集中してしまう。しかも彼は、期待に違《たが》わぬパフォーマンスを必ずといっていいほど披露してくれる。だからこそジョーダンは、スーパースターであり続けるんだと思うんです。

　彼らもきっと同じです。特にメジャー・リーグの場合は、日本とは違って、全試合予告先発。お客さんは初めから、彼らを目当てにお金を払って球場に来ている。だから、彼ら以外に主役は張れないんです。いや、そういう主役としての「重い自覚」こそが、エースと呼ばれるピッチャーの「風格」の正体なのかもしれません。

　僕だって「今日はノモを見にきた」と言われたら悪い気はしないし、そういう人たちの期待を裏切らないピッチングがしたいといつも思っています。常日頃からコンディションを整えることに専心しているのは、そのためです。しかし、なかなか彼らのようにはいかない。少しでもその域に近づきたいと思っているんですが、はたしてできるかどうか……。

ただ現状には決して満足したくない。それなら最後まで、自分がなりたいピッチャーのイメージを持ち続けて、挑戦していこうと思うんです。

なれるとかなれないとか、考えていたって一歩も前には進めません。メジャーに挑戦した時の気持ちと同じ。やるかやらないか、それしかないのですから。

だから、メジャーに憧れるピッチャーへの僕のメッセージも、たったひとつです。マック鈴木がそうだったように、強い意志を持ってください。日本のプロ野球に入れなかったからといって、諦める必要は全然ないと思います。

僕がそうだったように、アメリカは誰にでもチャンスを与えてくれる国です。自分の力を信じて、ひとつずつ階段を昇ることを考えるべきです。僕に続くピッチャーが、1日でも早く現れることを心から願っています。

第4章

96年、野茂の夢

シーズンオフの充実

オフの間は、とにかくのんびりすることに努めました。もう休みさえすればいいという感じでした。シーズン中できなかった家族サービスができたかどうかはわからないけど、最初から決まっていた行事への出席以外は、ずっと家にいて体を休めていました。

女房や子供にとっては、僕が家にいるだけでも全然違うだろうし、僕自身、周囲の喧《けん》騒《そう》からはなれて、ただボーッとしていたかったですから。

当初の予定では昨年の11月末頃から本格的に体を動かすつもりでいました。ところが11月25日に開かれた『ベースボール・トレーナーズ・セミナー』でトム・ラソーダ監督と顔を合わせた際、「もっと休めよ」と意外なアドバイスをされたんです。さらに、ドジャースのチーフ・トレーナーであるチャーリー・ストラッサーからも、こう言われました。

「今から練習をやると、3月になって飽きてしまうよ。3月は1ヵ月間で33もゲームをやるほどハードだからね。だから今のところは休めるだけ休んでおいて、動きたくなった時に動き出せばいいじゃないか。それまでは別に体を動かす必要もないよ」

練習に飽きて、野球そのものがイヤになってしまっては元も子もない、というアメリカ流の考え方に、僕も〝う〜ん、それもそうだな〟と。体を休めるのも野球選手にとっては練習のうちと、思わず納得してしまいました。

そのかわり、節制はきちんとしてましたよ。食べるものは、あまり気にせずにだいたい何でも食べてましたが、酒は飲まないし、ジュースも飲みすぎると太ってしまうので控えめにしました。大好物のコーヒーも砂糖を入れません。

ただ缶コーヒーは、いつもの年より飲んでいましたね。コマーシャルに出た関係で、家にケースごと送られてきたものですから……。

ところで、このオフの期間中に、僕には気分の悪い出来事と気分のいい出来事がありました。

そのうち、気分の悪い出来事というのは、球界のいろいろな圧力のために、楽しみにしていた対談をキャンセルされたり、会いたい人に会えなかったりしたことを指します。これは第2章でも触れましたので、ここでは繰り返さないことにします。

いっぽう、気分のいい出来事というのは、あるテレビでゴルフの岡本綾子《おかもとあやこ》さんと対談できたことです。これは僕にとって大きな収穫になりました。

いやぁ、面白かったです。何がって一流の人独特のオーラとでも言うか……。とにかく話がめちゃくちゃ合ったし、理解し合える部分が多かったんです。

「ツアー中にもほかの外国人の女子プロから、『今日はNOMOが投げるわよ』とか『今日はNOMOが同じ町にいるわよ』とか教えられて、日本人として誇らしかった」

――岡本さんは、そんなエピソードを紹介しながら、僕を讃えてくれました。

「本来スポーツ選手というのは体で表現する人種だから、契約交渉の場で年俸をつり上げてくれるよう、自分を売り込むのが下手なもの。野球の世界みたいに、選手が自分で交渉をしなければならないのは大変でしょうね」――岡本さんは、僕が日頃、代理人制度の必要性を主張していることを知ってか知らずか、スポーツ選手の本質を代弁してくれました。

また、そればかりか「私と野茂さんは似てますよね」とまで言ってくれて、「私も野茂さんも、頑固のわりには悪い人間じゃないんですよ」と、マスコミ受けがあまりよくない僕の分まで、弁護するように語ってくれました。

きっと岡本さんも、本来は僕と同じように無口な人だと思うんです。でも対談の時には、一生懸命話題を探して、何かと接点を見いだそうとしてくれた。

世界に出て行って、あれだけの実績を残しているにもかかわらず、すごく僕の言葉に耳を傾けてくれた。何から何まで勉強になりましたね。

これは競馬の武豊《たけゆたか》さんにしても、サッカーのカズさんやラモスさんにしても言えるのですが、一流の人ほど〝ああ、いい人だな〟と思わせてくれるんです。人間味を感じさせる〝何か〟を持っているんです。

やっぱりスポーツ選手は世界に出なきゃいけない、とつくづく思いました。行かなきゃ何もわからないんです。自分が実際に体験し、見聞し、成功したり失敗したりしたことが、自分や後に続く若い選手への財産になる。岡本綾子さんは、まさにその体現者だからこそ、言葉のひとつひとつに重みがあるんだと思います。

かつて中嶋悟《なかじまさとる》は、モータースポーツの最速にして最高峰のF1に挑み、カズはJリーグのヒーローよりも、イタリア・セリエAというランクが上の舞台に挑んだ。競輪の中野浩一《なかのこういち》は、年間獲得賞金額よりも世界選手権制覇に固執しV10を果たし、今依然としてかなっていないが、日本初のプロ契約選手となったバスケットボールの外山英明《とやまひであき》（大和証券）は昨年夏、サマーキャンプに出向くなどNBAに挑戦しようとしている。

プロ・アスリートたちの指針は、世界に向けられているのだ。

岡本綾子が女子プロゴルフ界の先駆ならば、野茂は、これまであまりに閉鎖的であり続けた日本プロ野球界の〝スーパー・アスリート〟の先駆。ふたりの思いに共通項が多くあるのは至極、当然といえよう。パイオニアという部分においては、まったく同じなのだ。

特に野茂はメジャー1年目の昨シーズン28試合に登板し13勝6敗、防御率2・54という素晴らしい成績を残し、ドジャースを地区優勝に導いた。そして、その対価としてナショナル・リーグのルーキー・オブ・ザ・イヤー、奪三振王をも手に入れた。

アメリカでは「NOMO狂奏曲《マニア》」が巻き起こり、一昨年のストライキで人気低迷気味だった大リーグに多大なる貢献をした。また野茂のアメリカでの大活躍は未曽有の大震災、大事件に見舞われた多くの日本人に勇気を与えもした。

好むと好まざるとにかかわらず、野茂は「ナショナル・ヒーロー」の地位を不動のものとし、その右腕には国の内外から昨年以上の視線が注がれることになる——。

2年目のジンクスの嘘《うそ》

94年のシーズン前、僕はすでに右肩を痛めていました。

忘れもしない伊豆《いず》・御前崎《おまえざき》での自主トレ。そこにはプールもあったので、水泳もトレーニングに取り入れてみたのですが、真っすぐに泳ぐことができませんでした。痛めた右よりも左のほうが水をかく力が強いため、右へ右へと曲がっていってしまうんです。

何とか自分のバランス感覚を頼りに泳ぎ方を矯正しようとしたのですが、まったくダメでした。肩が悪いと、泳ぐことすら満足にできないんですね。

その年の夏以降は、さらに肩の状態が悪くなり、車を運転するのもままならないほどでした。ちょうど二度にわたって一軍登録を抹消され、優勝争いをするチームからひとり離れて、二軍選手たちと一緒に汗を流していた頃です。

明けて95年、アメリカに渡った時も肩は本調子ではありませんでした。

ハッキリ言ってしまえば、完全なるケガ人の状態でした。しかし、〝念願のメジャーで投げたい〟――その大きな希望が肩の不安を打ち消していました。それどころかキャンプ、オープン戦を経るに従って、その思いは日に日に強くなっていくばかりでした。

そして96年。今、2年目のシーズンを迎えるにあたって、野球に対する熱意というものにまったく変わりはありません。

「今年もメジャーで投げることを楽しみにしている」――そのひと言です。

ただ昨年よりも肩の調子がいいせいか、多少の余裕は感じています。思いっきりトレーニングできることで、昨年よりもさらにパワーアップできるだろう、と。

昨年がケガ人、つまりマイナスからのスタートだったのに対し、今年はゼロの状態からスタートすることができた。それだけで、もう十分です。少々の無理もきくでしょうし、シーズンも始まり気持ちの高まりも感じています。肩の状態は、ここ3年で一番いいのです。

もっとも、安心しているわけではありません。チームには伸び盛りの選手も多いですから、僕がローテーションから外されない保証はどこにもないし、全選手と競争ですからね。これからも昨年同様、自分の力を出しきり、1試合1試合結果を残すしかない。それにメジャーには、上には上がいますからね。それは岡本綾子さんにしてもそうだろうけど、僕は現状に満足したくないんです。

昨年このくらいの成績だったから、今年はこのくらいでいいや——なんて考えるのがイヤなんです。とにかく野球に関しては、どんなに小さなことだって妥協したくない。サイ・ヤング賞を獲ったグレッグ・マダックス（アトランタ・ブレーブス）の成績が19勝2敗、防御率1・63ですか。たしかに至難の業ですが、マダックスのこの成績を超えてやる、ぐらいの気持ちは持っています。

彼は本当に1試合1試合、完璧なコンディショニングをしてマウンドに上がり、この成績を収めた選手ですから、僕だって1試合1試合、すべてベストの状態で臨まなければ、マダックスに迫ることはできない。たしかにマダックスは高い高い山だけど、一歩一歩追いつきたいと思っています。いや、その意志なくしては絶対に昇ることはできない、高い山なのです。

2シーズン目を迎える野茂には、辛辣な見方をする向きもある。

「フォークのクセを覚えられた今年は苦しい。もう、あのボールに手を出すバッターはいないだろう」「昨年はストライキ明けで、バッターは本調子ではなかった。しかし今年は最初から万全の状態でくるので危ないんじゃないか」「ディビジョナル・シリーズのレッズのように、足を絡めた攻めをするチームが増えると野茂は苦しい」——などなど。

はたして、そうだろうか。たしか日本プロ野球1年目、最多勝や奪三振王をはじめとする、ありとあらゆる投手タイトルを独占した翌年にも、関係者の間では同じようなことがしきりに囁《ささや》かれていた。

「もう、あのフォークは通用しない。なぜならクセを見破ったからだ。野茂はフォークを投げる時、グラブの中に手首がすっぽりと隠れる。ボールをはさむから、どうしてもそうなってしまう。このクセを見破った以上、もう野茂は恐れるに足らずですよ」

ある球団のスコアラーは、自信満々につぶやいた。

しかし2年目以降にも、野茂のフォークは〝伝家の宝刀〟であり続けた。スコアラーの諜報《ちょうほう》活動は結局、何の役にも立たなかったのである。

参考までに、ここであらためて野茂の日本での投手成績を紹介しよう。

1年目　18勝7敗　完投21（完封2）　奪三振287　防御率2・91
最多勝、奪三振王、最優秀防御率、リーグMVP、沢村《さわむら》賞、新人王など。
2年目　17勝11敗　完投22（完封4）　奪三振287　防御率3・05
最多勝、奪三振王。
3年目　18勝8敗　完投17（完封5）　奪三振228　防御率2・66
最多勝、奪三振王。
4年目　17勝12敗　完投14（完封2）　奪三振276　防御率3・70
最多勝、奪三振王。
5年目　8勝7敗　完投5（完封0）　奪三振126　防御率3・63

右肩を痛めた5年目の成績を別とすれば、入団から4年間、じつに素晴らしい成績を、しかもコンスタントに残している。

それを受けて、かつて同僚だった佐々木《ささき》修《おさむ》（現野球評論家）はこう語った。

「稲尾和久《いなおかずひさ》さんはシーズン最多の42勝をはじめ、30勝以上を4度も経験している。これはものすごい数字です。しかしそれから、ピッチング・マシーンの普及などもあり、プロ野球全体が〝打高投低〟になった。その中で、野茂は4年連続最多勝を記録している。これは稲尾さんに勝るとも劣らない成績だと思うんです。

投手受難の時代に、20勝近い勝ち星を4年続けて記録することがいかに大変なことなのか、理解していない人が多すぎる。僕は野茂ほど凄いピッチャーをほかに知らないし、また彼ほど陰で努力している男を見たこともない。そんなことも知らずに、2年目の活躍は難しいとか大リーガーはそう甘くないというのは無責任だと思う」

今となっては旧聞に属する話だが、野茂がメジャーに挑戦するにあたって、ある評論家がシニカルにこう切って捨てた。

「野茂のフォークは通用するが、ストレートは通用しない」

この意見に、真っ向から異を唱えたのも佐々木修だった。

「ストレートとフォークを分けて考えること自体が間違っている。これはストレート、これはフォークといって投げているわけじゃない。ストレートとフォークが合わさって、野茂のピッチングは成立しているんです」

昨シーズン、決して万全とは言いがたい肩で開幕を迎えながら、終わってみれば13勝6敗。防御率2・54、奪三振236という素晴らしい成績を残した野茂。幸いにして、今シーズンは肩に微塵《みじん》も違和感がないという。メジャーでの生活にも慣れた今年、昨年を上回る成績を残すことは疑う余地もない。

2年目のジンクスですか？　それはたまたま誰かがそう名づけただけのことでしょう。

もし「3年目のジンクス」と誰かが名づけていたら、案外、マスコミはそっちのほうに引きずられていたかもしれない。所詮、その程度の言葉だと思うんです。

スト明け2シーズン目で、メジャーのバッターたちのスイングも違ってくるという意見もあるようですが、むしろメジャーが盛り上がるには、そのほうがいいんじゃないでしょうか。

昨年のチッパー・ジョーンズ（アトランタ・ブレーブス）がそうだったように、野手にスターが現れるとメジャー・リーグ全体が活気づきますからね。だからバッターがフル・スロットルで臨んでくるのは、大歓迎ですよ。

また「最近のメジャーのレベルは落ちている。だから昨年、野茂は活躍できたんだ」という見方もあるようですが、それも見当違いだと思います。僕は一部のスーパースターの実力が飛び抜けているあまり、周りの選手の評価が低くなっているだけだと思うんです。

たとえばショートならバリー・ラーキン（シンシナティ・レッズ）、セカンドならクレイグ・ビジオ（ヒューストン・アストロズ）――。彼らはいつの時代に生まれてもスーパースターです。彼らと比べられたら、ほかの選手がかわいそうですよ。

それとフォークボールについてですが、このボールが打たれることは絶対にありません。なぜなら、僕が投げる最高のフォークはワンバウンドだからです。ワンバウンドのボールは絶対にバットに当たらないでしょう。

だから磨くとしたらストレートですね。何度も言っているように、僕のピッチングの基本はあくまでもストレート。ストレートさえ走っていれば、打たれることはないと信じています。

さて今シーズンは従来どおり162ゲーム制で行われます。〝本当のメジャーが帰ってきた〟とお客さんも燃えてくれるんじゃないでしょうか。

もちろん僕自身、それを楽しみにしています。

今の気持ちを言葉にすれば、おそらく昨年の渡米前、「Ｂａｒｔ」（集英社刊）のインタビューで答えたとおり。

「希望はあるが不安はない」

というひと言に尽きると思います。

はっきり言って体調さえ万全であったなら、恐れるものは何もない、と。そういう曇りのない気持ちなんです。

サイ・ヤング賞への秘策

もちろん、相手チームもいろいろと研究してくるでしょうから、僕も昨年と同じピッチングをただ漫然と繰り返すつもりはありません。

ピアザとも話し合ったのですが、バッターに対する攻め方について、僕なりにひとつふたつ秘策があるのです。というのは――

相手が、初めて対戦するメジャーのバッターばかりだったということもあって、昨年の僕は徹底してアウトコースをついていました。外角低めのストレートでストライクを先行させて、追い込んだところでフォークボールを落とすというように。

これはいわばピッチングの基本ですから、このアウトラインそのものは今年も変えるつもりはありません。相手が僕を研究してくるといっても球種自体は何も変わらないわけですから、僕のピッチングの生命線であるストレートに磨きをかけたうえで、フォークボールをきちんと真下に落とす。これに尽きると思うんです。

ただ攻め方については、今年はひと工夫してやろうとは思ってます。今までのNOMOにはなかった投球パターンで、メジャー・リーガーたちの度肝を抜いてやろうと。

簡単に言えば強気のピッチング。

じつは昨シーズンの後半にも、それなりに試していたことではあるんですが、場面によっては今年は特に、もっとインコースを速いボールで攻めようと思っています。

ドジャースが優勝を決めたサンディエゴ・パドレス戦のことを覚えているでしょうか？

あの試合の６回裏、１対１の同点の場面で、６度目の首位打者が決まっていたトニー・グウィンを打席に迎えました。

じつはあの場面にこそ、96年のピッチングのヒントが隠されているんです。

1995年9月30日、場所はサンディエゴ・パドレスの本拠地、ジャック・マーフィー・スタジアム。優勝までマジック1と迫った大一番に先発した野茂は、8回を6安打2失点に抑え、ドジャースを地区優勝に導いた。

ヤマは6回裏、1死一塁の場面。打者は〝メジャー・リーグの安打製造器〟トニー・グウィン。ここで野茂は内角を中心に、４球すべてストレートを投げ込んだのだ。

結果は、つまりながらもレフト前に持っていったグウィンに軍配が上がった。しかし、野茂の表情にショックの色は皆無であった。

その証拠に野茂は、1死一・二塁とピンチが広がったにもかかわらず、平然と、続く4番ケン・カミニティ、6番メルビン・ニエベスをフォークで三振に切ってとり、パドレスの反撃を許さなかった。

パドレスのキー・パースンであるグウィンに対し、僕は１球もフォークボールを投げませんでした。でも、それには僕なりの理由があったんです。それについて説明しましょう。

6回の裏はたしかにピンチではありましたが、僕はまだ〝これがヤマ場だ〟とは思っていませんでした。〝本当の勝負どころは、もっと終盤にやってくる〟――そう思っていたんです。だから、あの場面ではヒットならば打たれてもいい。それよりも終盤、ホントのヤマ場を迎えた時のために、何らかの伏線をはっておきたい。

具体的にはフォークボールを1球も使わず、内角にストレートを投げ続けることで、グウィンにインコースを意識させたいと思いました。

グウィンは最初の打席でフォークをクリーンヒットしていました。これはあくまでも僕の推測ですが、彼はそのヒットで自分の技術に自信を持ち〝真っすぐを待ちながらでもフォークをバットに当てるくらいのことはできる〟――そう思ったと思うんです。追い込まれても何とかなる、くらいの感覚で。

それだったら、僕のやるべきことはひとつ。バッターの一番嫌いなボール、インコースの速いボールを連投して、もっともっと意識させるしかない。真っすぐを待っているのを承知で、さらに厳しい真っすぐを意識させてやろうと思ったわけです。

結果的には、つまりながらもうまくレフト前に持っていかれました。でも最初からヒットは覚悟していたので、全然ショックはなかった。力負けしたわけじゃありませんからね。

そして8回裏、また打席にグウィンを迎えます。モンデシー、ピアザの2本の2ラン・ホームランで5対2とリードし、1死ランナーなし。状況的に言えば、比較的楽な場面ではありましたが、まだここを抑えないことには勝利はおぼつかない。

結局、パドレスというチームは3番のグウィンが打てば勝つ、打たなければ負けるというチームですからね。実際、前の試合ではバルデスがグウィンに追撃の2ラン・ホームランを打たれて、ウチは逆転負けしている。

ここはグウィンをランナーに出して、相手に希望を与えては絶対にいけない場面です。僕は1ストライク1ボールからの3球目、外角にフォークを落としました。タイミングを狂わされたグウィンは平凡なセカンドゴロ。僕の狙いどおりになりました。

ボール自体は高めにスッポ抜けたような球でした。いわゆる投げ損じです。でもグウィンは珍しくボールを迎えにいき、体が開いているうえにヘッドアップと、明らかに本来のバッティング・フォームを崩していました。

つまり前の打席のインコース攻めが効いたのです。頭の片隅に〝インコースに速い球がくるのではないか……〟という予感があったからこそ、タメがなくなったんだと思います。

彼ほどのバッターを抑えようと思ったら、ある程度4打席をトータルで考える必要があります。いくら速くても、意図のない外角の真っすぐなんて、彼だったら軽くヒットにする技術がある。だからこそインコースを意識させるための伏線が必要だったんです。

内角攻めについては、もうひとつ示唆的なケースがあった。シンシナティ・レッズとのディビジョナル・シリーズ第3戦の3回の裏。1死一塁から野茂がロン・ガントに特大のホームランを浴びた場面だ。結局、この先制の一発が重くのしかかり、6回途中で野茂は降板。チームもワールドシリーズへの夢を絶たれた。

カウントは1ボール・ナッシング。キャッチャー・ピアザの要求したボールは外角のストレート。これをガントは狙いすましたようにレフト中段に持っていった。

ホームランの伏線は一塁ランナー、バリー・ラーキンの足だった。ラーキンは初回にもヒットで出塁し、二盗、三盗を決めている。ラーキンの足に脅《おび》えるピアザは、セカンドベースに投げやすい、つまり盗塁を刺しやすい外角のストレートを要求し、皮肉にもそれを狙い打たれてしまったのである。

このシーンを、野茂が信頼する野球評論家の江夏豊氏は、こう分析した。

「おそらくピアザに対する配慮もあって、サインに対して首を振らんかったんやと思うんや。ピッチャーには、たとえ放りたくないボールを要求されても、キャッチャーのサインに首を振れないというケースもある。イヤな顔もできない。

プレーオフでレッズに喫した敗戦が、96年の糧になっている。

これは野茂に聞いてみんとわからんことやけど、『またコイツ、こんなサインをだしやがって……』と思ったかもわからない。あの場面で外角のストレートというのは、モノ凄く危険性が高い球やからね。

オレやったらキャッチャーのサインはそのままにしておいて、ボール球を投げとったよ。わずかに外めにはずすボールをね。これが被害を最小限に食い止めるテクニックや。

これならキャッチャーも傷つかないですむし、バッターが打ち損じてくれる可能性だって出てくる。オレやったら、そういうふうに考えを切り換えていたと思うね」——。

「Ｂａｒｔ」に掲載された江夏さんと二宮さんの対談は、僕も興味深く読みました。たしかにこの時の攻めは、少し単調やったかな、と思いますね。あそこでアウトコースのストレートは、あまりにも正直すぎる配球ですから。ラーキンに走られて、ピアザが少し弱気になっていた面もあったかもしれない。

ただ江夏さんが言われるように、キャッチャーのサインに首を振りたくない間合いってあるんです。リズムを壊したくない、キャッチャーとの呼吸を優先させたい、という間合いが……。

あの時がそうでした。

僕自身は、インコースにストレートを投げたかった。それができないなら、せめて1球か2球牽制球《けんせいきゅう》をはさんでもよかった。サインが合わなかったにしても、あの時、もう少し僕のほうで何とかできなかったのか、という自問は正直言ってありますね。

結局、インコースを投げて抑えたパドレス戦。インコースを投げられずに敗れたレッズ戦。思えば、このふたつの試合が95年の象徴だったのかもしれません。

また、このコントラストがあったからこそ、今年、僕が目指すべきピッチングが、よりクリアになったということも言えると思います。

ピッチャーからしたら、バッターに踏み込ませたら負けなんです。昨年の終盤、メジャーのバッターは僕の外角中心の攻めに慣れてきていて、思い切り踏み込んできました。ならば今年は厳しいところにもビシビシ放らざるをえない。かなり意図的にね。乱闘になるかもしれないけど、覚悟はしています。それを怖がっていたら、活路は開けないですから。

内角攻めの効用について、江夏氏はこう説明してくれた。

「デッドボールは誰だって痛いわけやから、バッターはみんなインコースの厳しい球が嫌いなんや。１試合に３球でも４球でもいい。要はバッターに少しでもインコースのボールを意識させることができればね。ほかのバッターだって、ベンチでその配球を見ているわけやから、ほんの数球で効果はあるんや。

そして、それができればピッチャーは飛躍的に有利になる。踏み込めないバッターは、たとえストレートやフォークが多少甘いコースに行ったとしても、打ち損じてくれる可能性が高いわけやから。もし野茂が、この幅の広いピッチングを実践したなら、昨年の勝ち星を容易に上回ることができるやろね」

僕は、数字的な目標は立てないんですよ。達成できた時に、満足してしまうのがイヤだから。今年はこのくらい勝てたからいいやとか、とにかく野球に関しては妥協したくないんです。

それよりも1試合1試合、完璧なピッチングを心掛けたい。

プロというのは、アマチュアのオリンピック選手と違って、一時的にピークを迎えればいいというわけではない。いい成績を何年も続けて残さなければいけない人間ですから。

そういった意味でも、今年は昨年以上の成績を残したい。臆せずインコースをつく、攻めのピッチングで。

２度目のベロビーチで見た夢

２月15日から始まった僕のキャンプ、オープン戦での調整は、すべて順調にいきました。

昨シーズンもそれほど肩に不安はなかったけれど、今シーズンはそれ以上に調子がいいし、体調もいい。ウエイトも、３月にはもうシーズン中と変わらないところまで十分に絞れました。

それに今年は、昨年のキャンプとは精神面が全然違いました。昨年のキャンプはメジャーに上がることで必死だったけれど、今年はとりあえずメジャーから始められる。だからといってもちろん、気を抜くわけにはいかないんですが、是が非でも自分を認めてもらおう、という切羽詰まった気持ちはありません。

僕のペースで仕上げていって、調子だけは崩さないように。ここでつまずいてしまうと、調子のいい選手に先にメジャーへ行かれてしまいますからね。その点だけは気をつけていましたけど、気を引き締めながらも余裕を持ってやれた。そんな感じでしたね。

だから巷間騒がれていたような、開幕投手が誰になるか、なんてことは僕には興味がありませんでした。

「マルチネスでいいんじゃないですか？」

マスコミから開幕投手のことを聞かれるたびに僕はそう答えていました。僕にとって大切なのは、何番目のローテーション・ピッチャーになるかということより、シーズンを通じて、いかにベストコンディションで投げられるかということですから。

それに比べれば、開幕投手ウンヌンという問題は、取るに足りないものだと思っています。シーズンは長いんですから……。

僕を取り巻く環境も、昨シーズンと比べると、かなりよくなっています。昨年はまだこちらのシステムに慣れていなかったせいか、日本から来た大勢のマスコミが僕に四六時中へばりついていました。それが煩わしくて、記者会見を4日に一度とさせてもらったりしましたが、今年はマスコミの方も余裕をもって僕に接してくるようになりました。僕のやり方に対する理解も、少しずつではありますが深まってきているようです。

まぁ、それでもまだ〝アレッ!?〟と思うような報道はありますよ。キャンプの頃の話ですけど、日本のマスコミは盛んに「ノモがカーブに力を入れている」と騒いでいました。あれってどこから出てきた話なんでしょうね。きっとネタがないから、無理やり記事にしていたんでしょうけど、僕自身はまったく意識していませんでした。

カーブは昨シーズンもずっと投げていましたからね。1試合に数球、ピッチングにバリエーションをつける意味で投げているんですよ。

「常に真っ向勝負」で、野茂はワールドチャンピオンを目指す。

でも決して、僕のピッチングの基本になるボールではありません。あくまでも僕のピッチングの基本線はストレート。これさえしっかりしていればフォークも生きてくるし、カーブもアクセントとして存在価値を見いだせる。だから、今シーズンからカーブで相手を牛耳ってやろうとか、そういう気持ちはさらさらありません。

ベロビーチでは仲間たちと久しぶりの再会もあり、ゆっくりと野球を楽しむことができました。ここは本当に野球しかないところっていうか、野球をやるには最高の設備が整っている。今は開幕して自分の気持ちも十分に高まっています。

それに今シーズンは、大きな励みができました。第2章でも述べましたが、3年間という念願の複数年契約を勝ち取ったことです。これで本当に気持ちが楽になりました。だってこれから3年間は、おカネのことを気にかけずに、野球だけに集中できるわけですから。

ところで、今年のドジャースのユニフォームの肩に「ドジャー・スタジアム35周年」のワッペンがついているの、知ってますか？　気づいている人も多いと思いますが、あれ、カッコいいと思いませんか？　チームメートはどう思っているかわからないけど、少なくとも僕は気に入ったので、聞いてみたんです。あのワッペンは誰が作ったのかって。

そうしたら、「あれはディズニーのデザイナーがデザインしたものだ」って言うんです。

球場がきれいであることと同じように、やっぱりユニフォームがカッコいいというのは、気分がいいもんですよね。

できれば、このメモリアルの年に優勝して、来シーズンのユニフォームの肩には、「ワールドチャンピオン」の文字が入ればいいなと。それは僕のみならず、きっとチーム全員が考えていることだと思いますけど、とにかく今年も昨年のように仲間たちとシャンパンかけをやりたい、そんな新たな気持ちにさせてくれるカッコいいワッペンです。

肩の調子がいいせいか、キャンプ時に取材した際もいつになく声がはずんでいた。メジャー初挑戦の昨年、新人王と奪三振王のタイトルを手中にした自信からか、今シーズンはさらにその上を狙おう、との向上心が見てとれる。

「ちょっといい成績をあげたからといって、それに満足したり妥協したりするのは僕の性格に合わない」——野茂の口ぐせである。

「マダックスを超える」「サイ・ヤング勝を狙う」——口にこそ出さないが、そのくらいの心構えで野茂は2年目のシーズンに臨んでいる。

その心意気は、投手陣の先陣を切っていち早くベロビーチに乗り込んだことでも明らかである。野茂は2年目の開幕に向けて、メジャーの強打者たちと再び相まみえるを心待ちにしていた。

望んでいた戦いの始まり

まったく気が抜けないというメジャー・リーグのバッターたち。その中でもホンマに凄い、まさに〝メジャーの中のメジャー〟という存在が、どのチームにもふたりか3人は必ずいます。

今年もそんな強打者たちと何回も対戦することになると思いますが、はたしてどんな勝負になるんでしょうか？　自分でも楽しみにしています。

特に楽しみなのは、ジャイアンツのマット・ウイリアムス。彼は絶対に力負けしないし、選球眼もいい。それに加え、メジャーのプライドのようなものを、彼からはより強く感じます。

昨年のオールスターゲーム、彼は足を骨折して試合に出場することができませんでした。出たのはゲーム前のセレモニーだけ。足を見るとギプスのようなシューズを履いていました。

それでも彼は、ほかの選手よりも2時間以上も早く球場にやってきて、トレーニングをしていたんです。ギプスの巻かれた足でウエイト・トレをしたり、自転車のペダルをこいだり……。オールスターゲーム前だというのに、一生懸命リハビリに努めているんです。これにはホント、ジーンときました。

彼は単に素晴らしいバッターというだけでなく、ひとりの人間として尊敬に値する人物なんだと思います。今年は故障の治った彼とまた、ぜひ力対力の勝負をしてみたいです。

同じジャイアンツで忘れてはならないのが、過去にMVPを三度も受賞したバリー・ボンズ。

昨年はシングルヒット1本だけで、あとは凡打か三振に仕留めることができましたけど、彼も凄いバッターであることは間違いありません。

僕は、自分の球威が勝っているのか、彼が打ち損じているのか、じつはよくわからないのですが、2回目のサンフランシスコでの対戦の時には「おまえは凄いピッチャーだ」と褒めてくれました。そしてユニフォームまで交換してくれた。

何かと問題児的に見られるボンズですが、そういう度量の大きさのある選手なんです。今年は「ノモを打つ！」と開幕前から言っていましたし、なかなか昨年のようにはいかないかもしれませんが、やっぱり対戦するのが楽しみなバッターのひとりです。

〝凄い〟という感想に加え、〝巧《うま》い〟という印象があるのは、メッツからアメリカン・リーグのオリオールズに移籍したボビー・ボニーヤ。それとパドレスのトニー・グウィン。

グウィンについては先にも述べましたが、ヒットを打つことに関しては、おそらくメジャーでもナンバーワンだろうと思います。一発はないのですが、ヒットならいつでも打てるという感じで、ピッチャーからするとどこに投げても打たれそうな気がするイヤなバッター。

でも逆に言うと、あれだけ打っているようでいて打率は3割6分4厘。つまり6割以上打ち損じているわけですから、野球というのは、いかに難しいスポーツかということがわかります。

あと昨シーズン、ナ・リーグMVPに輝いたバリー・ラーキンも、特別な存在です。彼はバッティングだけじゃなく、足も守備もすべて揃った、ほれぼれするような選手。僕もプレーオフの時に、彼の足にかき回されて苦い思いをしましたから、今年こそは雪辱を果たしたいと思っていますが、それは置いといても、あんなに欠点の見当たらない選手は、そう滅多に出るものじゃないと思います。

最後にワールドシリーズの覇者となったブレーブス勢。これは凄いです。

9年連続して20本塁打以上を放ち、アメリカン、ナショナル両リーグでホームラン王に輝いているフレッド・マグリフ、昨シーズン4度のサヨナラヒット（うち3本はホームラン）を打つなど勝負強さには定評のあるデビッド・ジャスティス、左ヒジの手術から奇跡のカムバックを遂げ、昨年、僕と新人王を争ったチッパー・ジョーンズ……。「超」のつく強打者がズラリ揃っています。

今年、ドジャースがワールドシリーズに出るためには、絶対に抑えなければならない選手ばかり。対戦する時は、きっと僕も燃えるでしょう。いや、燃えるはずです。


昨シーズン野茂は、ナショナル・リーグ全チームのホームグラウンドのマウンドに立った。メジャー・デビューとなる5月2日のキャンドルスティック・パークから、ナショナル・リーグ西地区優勝が決まった9月30日のジャック・マーフィー・スタジアムまで。

だがほかの投手もそうであるように、野茂もアウェーでの成績は、あまり芳しくなかった。ドジャー・スタジアム以外で勝利投手となったのは、スリーリバース・スタジアム（6月14日 vs.パイレーツ）、ブッシュ・スタジアム（6月19日 vs.カージナルス）、キャンドルスティック・パーク（8月5日 vs.ジャイアンツ）、リグレー・フィールド（9月12日 vs.カブス）、そしてジャック・マーフィー・スタジアムの5ヵ所にとどまった。だが、野茂に対して、オークランド・アスレチックスのゼネラルマネージャー、サンディ・オルダーソン氏は次のようにコメントした。

「昨シーズン、大リーグ全体の総観客動員数は、94年のストライキ前より20％もダウンした。だが考えてみれば、数字的には落ちたが注目度としては、それほど下がった感じがしない。それは野茂が全米の野球ファンが持つわだかまりを、吹き飛ばす解毒剤の役割を果たしてくれたからさ。

野茂はファンの野球への関心を呼び戻してくれる男だ。彼のもたらした効果はドジャースだけにとどまるものではない。そして日本人だからと関心を持たれているものでもない。実力はもちろんだが、野茂の謙虚な態度は、大衆が大リーガーに対して持つイメージとは逆で、とても新鮮だったんだ。そんなキャラクターの彼が、リーグの14のスタジアムすべてで投げた……それだけで大きな功績だよ」

今シーズンもトルネードは全米を席巻するだろう。

敵地での主力打者との対決にこそ、燃える野茂の真骨頂が見られるかもしれない。特に、昨年のワールドチャンピオンであるブレーブスの本拠地、アトランタのフルトン・カウンティ・スタジアムでのＮＯＭＯには、ジョージアのファンのみならず全米の視線が、より熱く注がれることは間違いない。

僕は最近、よく考えるんです。なぜアメリカ人は野球が好きなのかって。

もちろん、これはあくまでも僕なりの考えなのですが、それは日常生活ではできないことが、グラウンドではできるからじゃないかと。

バットで殴ると犯罪になるけど、打てばヒーローになれるわけでしょう。9番めのバッターである僕でさえ、バットを持った時には攻撃的な気持ちになります。ヘタはヘタなりにですが、思い切り振って痛烈なヒットを打ちたいなどと思うんです。

これはあまり知られてない話ですが、じつは僕、ドジャース投手陣の中の打点王なんですよ。マルチネスと並んで4打点。近鉄時代はDH制のおかげでまったくバッターボックスに立っていないわけですから、これって結構よくやったほうだと思います。

もっとも三振王でもあるので記録のことは大きな声では言えないのですが、それでもチャンスにヒットを打つって凄く気持ちがいい。バッティング・コーチのレジー・スミスに、またアドバイスしてもらって、今年はホームランを1本打ってみたいと思っています。

そう、それが今年の僕の、バッターとしての夢なんです。

バットという、使い方を一歩間違えれば凶器にもなる武器を使って夢を叶《かな》える。野球には、そういった日常生活とは違った世界があります。また、だからこそ人々は野球というスポーツに魅せられるんだと思います。

ほかにも塁を「盗む」とか、ランナーを「刺す」とか、牽制で「殺す」とか、いろいろあるでしょう。日常生活では禁じられていることが。

野球では、それがすべて許され、逆に評価される。

よく考えればピッチングだって、人に向かってモノを投げるわけですからね。ときには「死」球もあるし……。

つまり、大切なのは攻撃の精神。

とにかくそれを忘れずに、今シーズンも真っ向勝負を挑んでいきます。バッターの時には、思い切り振って、ピッチャーの時には思い切り投げて……。

いずれにしても、今年は162試合もあるし、その後にはプレーオフもワールドシリーズも控えている。もちろん僕は最後の試合まで投げるつもりで調整していきます。自分もチームも、昨年より上を目指したいですから……。

終章——メジャー・リーグのプライド

メジャー・リーガーが持つ〝何か〟

いつ頃からでしょうか？　僕がメジャー・リーグに魅せられはじめたのは？

近鉄時代、僕はよく仲間たちと大リーグの中継を見ながら目を輝かせていました。そして僕にとって、メジャー・リーガーはたしかな憧れとなり、メジャー・リーグに挑戦するということは、一番の夢となっていきました。

夢を抱いたら、それを何とか実現しようとするのが人間です。

だから僕は、自分が抱いたメジャー・リーグ挑戦という夢に対して、それがただの絵空事だなんて否定的に思ったことは一度もありません。メジャー・リーガーになるんだという強い意志さえ持っていれば、いつかはきっと叶う夢だと信じてやってきました。

そして昨年の5月2日、ついに夢は実現。僕はメジャーのマウンドに立ったのです。

そこは、やはり憧れの世界でした。ひとりのピッチャーとして、もちろん冷静にピッチングをしているのですが、自分のバックにいる味方も自分の目の前に立ちはだかる敵も、すべてがついこの間までブラウン管越しに眺めていた憧れの対象でした。

僕は、自分も同じユニフォームを着ていながら、ピアザの矢のような三塁への送球にしびれ、モンデシーの超ファインプレーに「オオーッ」と歓声をあげていました。

この頃の僕は、まだどこかにファンとまったく同じ心理を抱えていたのかもしれません。メジャー・リーガーという存在を、憧れという実体の伴わない〝印象〟でとらえていたのかもしれません。もちろん、それ自体は悪いことではないのですが……。

しかし、メジャー・リーガーたちの日常の生活を知るうちに、彼らは超人的なヒーローではなくて、誰よりも努力を重ねて生きる、ひとりの人間であることに気づいたんです。

彼らは、本当によく練習をしていました。時間の長さを競ったり、上から言われるがままにする日本的な練習ではなくて、自らのためにすすんでやる練習を黙々としていました。

チームの中心選手であるピアザは、巡回コーチのマイク・ソーシャと一緒に、地味なキャッチングの練習を延々と続けていたし、エースのマルチネスは登板のない日には汗をしたたらせてグラウンドを何往復もしてました。

彼らの汗や表情からは、〝メジャー・リーガーとは常に上のレベルを目指す、妥協することのない人種なのだ〟というプライドが明らかに見て取れました。

思えばこの1年間、僕はメジャー・リーガーたちの野球に対する真摯な姿勢に感心したり、考えさせられたり、刺激を受けたりする日々の連続だったような気がします。

そんな中でも、まず最初に思い浮かんでしまうシーンは、やっぱりオールスターゲームでのマット・ウイリアムスの姿です。

第4章でも述べましたが、彼は足を骨折していたため出場は不可能な状態でした。それでも彼はギプスをはいたままオールスターのセレモニーに参加し、満員のお客さんにきちんと挨拶をしたのです。日本なら、ちょっとした故障でもオールスターを辞退することがよくあります。しかしメジャー・リーガーにとっては、ファン投票で自分が選ばれたということが何よりも勲章なのです。また、選んでくれたファンのために、自分がセレモニーにだけでも姿を見せることは当然の義務だと思っているんだと思います。

自分がスターであることを誇りに思い、スターであることの責任を果たす。言葉にすれば単純なことですが、それをごく自然にやってしまうところが彼らの凄さなんです。

ディビジョナル・シリーズがドジャースの敗戦で終わった直後の、ロン・ガントのひと言も僕は一生忘れないでしょう。

「キミのおかげで、メジャー・リーグは救われたよ」

こんなに素晴らしいセリフが、なぜ自然に出てくるのでしょう。普段から、自分が選ばれた人間であり、メジャー・リーグという文化を支えているんだという自覚を持っていなければ、絶対に言えないセリフだと思います。

新人王表彰式の時のモー・ボーンのスピーチもそうです。

「今の若い選手は、もっと古い選手を尊敬しなければならない。私がこんなところに立てるのも、元はといえばジャッキー・ロビンソンがいてくれたおかげなのだ」

こういった言葉の端々から、彼らがベースボールをひとつの文化だと考えていることがわかります。野球選手を単なる職業、金儲けの手段として割り切っている者などいないのです。

僕はいつも思っていました。マウンド上で対戦していてもメジャーの迫力は〝何か〟違うと。うまく表現できませんが、成績や数字とはまったく違う次元でメジャー・リーガーたちを支えている〝何か〟が、彼らから発散されているんです。

バッターボックスでの彼らは、常にアグレッシブです。

1・2番バッターならば何としてでも塁に出ようと、下位打線ならば何とか上位につなげようと、そしてクリーン・アップならば何としてもランナーを迎え入れようと、必死に挑んできます。この姿勢は日本でもアメリカでも変わらないと第1章で述べましたが、やっぱり〝何か〟が違うんだと思います。

なぜなら、日本ではそういう時「根性で出塁する」とか「意地でもつなげる」とか「気合いで返す」とか、精神論に走りがちじゃないですか。

でもこっちはなんとなく〝それがオレの役目だからやるんだ、当然さ〟という感じなんです。自分の仕事や役割にプライドと責任を持って臨む迫力というか。ごく当たり前のように、プロの仕事をしてしまう迫力というか、なんかそんな感じです。

文化としてのベースボール

プライドを持って仕事をしているのは、何も選手ばかりではありません。裏方さんたちも自分の仕事に十分誇りを持っています。

たとえば先ほどのクリーン・アップがチャンスに凡退して帰ってきた時。彼らは責任感が強い分、期待に応えられなかった時には反動が大きいのです。ウチで言えばモンデシーやピアザでしょうか。ベンチに帰るなりヘルメットをガッシャーン、クラブハウスに姿を消したかと思うと、バットでロッカーをドッカーン。

これではクラブハウスの裏方さんはたまらないと思うのですが、彼らは文句を言うそぶりすら見せず、倒れたバットを1本1本元に戻し、破壊されたロッカーを修理しているんです。

〝オレたちはメジャーのクラブハウスで働いているんだ〟〝オレたちだってメジャー・リーグを支えているんだ〟という誇りを持っているんでしょうね。

洗濯をしてくれる裏方さんもそうです。江夏さんが言っていたように、メジャー・リーガーは自分の脱いだユニフォームは床に放りっぱなしです。試合後には、どれが誰のものだかわからないほどに散らばっています。それを1枚1枚拾って洗濯をし、翌日にはきれいにハンガーにかけといてくれるのですから、自分の仕事に誇りを持っていなければできないはずです。

グラウンド・キーパーもそう、プレスに対応する広報の人もそう、球場の売り子さんもそう。

もちろん、フロントだってそうです。かつてチームに貢献した選手の未亡人や子供たちのためにシートを作って、積極的に招待している。マスコミやファンが訪れる球団事務所には、ジャッキー・ロビンソンやサンディー・コーファックスら、偉大なるオールドタイマーの写真や記念品をズラッと並べて、外部の人にもチームの歴史を必死にアピールしている。

つまり、このアメリカでは、選手も裏方さんもフロントも、ファンもOBもマスコミも、誰もがメジャー・リーグというものに誇りを持っているんです。だから歴史を大切にし、先輩たちを讃えようとする。これが文化というものなのでしょう。

ところで、日本はどうなのでしょうか？

僕は近鉄のことしか知りませんが、近鉄には過去の選手の写真などを飾っておくスペースがなくて、食堂に歴代のタイトル・ホルダーの写真が申し訳程度に貼ってあるだけ。

それも僕が入団して3年目か4年目に作ったもので、写真も新聞社からの借り物。とても誇りを持てるようなシロモノじゃなかったです。

残念ながら、日本とアメリカ、ベースボールの文化としての成熟度は、野球のレベル以上に開きがあると言わざるをえません。日本も球団、選手、ファンが一体となって、より魅力的な野球文化を作っていってくれるといいのですが……。

いつか日本のプロ野球が、ひとつの尊いスポーツ文化として、メジャー・リーグに負けないくらい素晴らしいものを築いていってくれるよう願っています。

僕の2冊目の本はここで終わります。伝えたいことがありすぎて、かえってまとまりのない文章になってしまったかもしれませんが、少しでも僕の思いが皆さんに届いたのなら、とても嬉しく思います。最後まで読んでくださって、本当にありがとうございました。

また、この本を出すにあたって企画・立案、そして構成にいたるまで一手に引き受けてくださったスポーツ・ジャーナリストの二宮清純さん、雑誌『Ｂａｒｔ』での連載も含めて、いつも僕を応援してくださった編集長の山崎洋さん、編集担当の安楽竜彦さんに、心から感謝の意を表させていただきます。

野茂英雄は、今年も精一杯、皆さんに満足していただけるようなピッチングをするつもりでいますので、どうか変わらぬ応援をよろしくお願い致します。

1996年3月吉日

野茂英雄

対談

江夏豊 vs. 二宮清純

野茂はホントに頭のいいピッチャー

二宮　13勝6敗、防御率2・54、奪三振236という素晴らしい成績で95年のシーズンを終えた野茂。そのグラウンドでのパフォーマンスもさることながら、僕はついこの間、それ以上に感心させられたことがあるんですよ。

というのも、彼はメジャーで投げた3000球ものボールの、ほとんどすべてを記憶しているというんです。まるで江夏さんの現役時代のようにね。

寝る前にいつも、あのボールでよかったのか、あのコースでよかったのかということを、脳をスクリーンにして復習する。たとえ三振に切って取ったボールであっても、はたしてそれがベストだったのかということをきちんと検証する、と。マウンドでは、あれほど大胆に振る舞いながら、じつはものすごく繊細な神経の持ち主なんですね。

野茂のＩＱの高さは、とても27歳のピッチャーのそれには思えない。

江夏　だからいいんだよ。それがメジャーで成功した最大の秘密やと思う。いくらボールが速くたって、無神経なピッチャーはまず成功しない。

〝打ち取ったから、ああよかった〟——これで終わってひと安心していたら、それ以上の進歩は期待できない。なぜ打たれたのか、なぜ抑えられたのかということを、ピッチャーはひとりきりになった時に考える。

また、そこがピッチャーやってて楽しいところやし、野球の最大の面白さとも言えるやろうね。

二宮　野茂は「特に打たれたボールについては、その日のうちに反省し、訂正しておく」と言ってました。江夏さんは、どうしてましたか？

江夏　オレの場合は、思いついたことをすべて書いていた。落書きみたいにね。もちろん打たれたボールのことも書いたし、その前後の組み立てのことも書いた。あるいは打たれた時の精神状態のこととかもね。

書いてるうちにいろんなことが思い出されて、それが新しい発見につながっていく。でも、こういう努力は努力のうちに入らん。ピッチャーとしては当然のことやと思うけどな。

オレは入団2年目に村山実《むらやまみのる》さん（現プロ野球解説者）から「メモを取れ」と言われたのがきっかけやったけど、結局、引退するまでの18年間でダンボール1箱分くらいにはなった。ブリュワーズでメジャーに挑戦する時、全部燃やしてしもうたけどな。

ところで野茂はメモ取ってるの？

二宮　さぁ、わかりませんけど。

江夏　じゃあ今度会ったらメモ取るように言っといて。人間の記憶というのは、しっかりしているようでいて、結構いいかげんなものやから。

インコースを使えばもっと勝てる

二宮　ちょっと話題を変えますが、江夏さんは外角低めのストレートを基調に、どちらかといえば両サイド、対角線の組み立てで勝負したピッチャー。翻って野茂はストレートとフォーク、つまり高低で勝負する。本人は「人間の目は横についているから左右よりも高低に弱い」と言っていました。

基本的なピッチングの性格は異なりますが、野茂投手に96年のシーズンに向けてアドバイスすることはありますか？

江夏　基本的には今のピッチングを変える必要は、まったくない。新しい変化球を覚える必要もない。

強いていえば、もうちょっとインコースのボールを使ってみたらどうやろうかということ。といって力いっぱい投げる必要はないんだ。そこに放っておくだけで、バッターちゅうのはイヤがるものやからね。

二宮　今年の野茂のピッチングを見ているとストレートは外角中心。外に甘く、やや内にからいというメジャーのストライクゾーンに合わせたものでしょうが、それでもあえて内角をつけと。

江夏　日本に比べると、大リーグには踏み込んでくるバッターが多い。そうさせないためにもインコースのボールが必要なんだ。1試合にたった3球でも4球でもいい。バッターの体を起こすだけで、ピッチャーは圧倒的に有利な立場に立てるんだ。

二宮　インコースのボールを使うことによって、外角のストレートやフォークボールが今以上に生きてくると……。

江夏　そういうこと。バッターちゅうのはどんなに凄い選手でも恐怖心を持っている。ボールが当たって痛いと感じるのは、誰だって同じことやからね。

とにかく今年、インコースのボールを使うだけでバッターの反応は全然違ってくるよ。踏み込んでこれなくなる。そうなれば、しめたもんだ。

二宮　日本の評論家の中には「ピッチングパターンを覚えられた野茂は今年、苦労する」と訳知り顔で言う人がいます。しかしインコースのボールを使わずに昨年、あれだけ活躍したことを考えれば、むしろ今年は昨シーズン以上の活躍が期待できる。

江夏　ほら、昔、シンシナティ・レッズにトム・シーバーっていうピッチャーがおったじゃない？

二宮　1970年代、レッズがビッグ・レッド・マシーンと呼ばれた、レッズ黄金時代のエース（通算311勝205敗）で、日本にも来ていますね。

江夏　そのシーバーのピッチングを日本で見た時、なんてインコースの使い方が上手なピッチャーなんやと思ったね。ノーツーとかワンツーとかいったバッティング・カウントでバーンとインコースに速い球がくる。それもシュート回転でね。これじゃバッターは容易に踏み込めないよ。

もし、野茂がインコースのボールを使えるようになってご覧よ。バッターは腰が引けるから真っすぐの甘いボールや、フォークの投げ損ないでも打ち損じてくれると思うね。

二宮　これは日米にかぎらず言えることなんですが、強打者で踏み込んでこないバッターはいない。清原は「自分がホームラン王をとれないのは踏み込みが足りないからだ」と言っていました。つまり、パ・リーグのピッチャーはそれだけ清原に踏み込ませないピッチングをしているということでしょう。バッターはいかに踏み込んでバットを振るか、ピッチャーはいかにしてバッターの腰を引かせるか――これが18・44mの空間で行われている勝負の、かなりの部分を占めているといっても過言ではない。

江夏　オレもそう思うね。きれいに抑えようと思ったら、ピッチャーはしんどいよ。何も悪いことをするわけやない。ホームベースの幅43・2㎝を有効に使うだけのことやから、臆せずにやればいい。そうすれば、もっとピッチングに奥行きが出てくるよ。

“81球理論”と“27球理論”野茂はどちらか

二宮　ところで6月29日のロッキーズ戦、野茂は13三振を奪って二度目の完封勝ちを演じたわけですが、この試合を見て江夏さんは、「初球の入り方が甘い」と言われた。
　野茂は「たしかに江夏さんの指摘どおり」と言っていましたが、その後で「でも、調子のいい時はあえて甘いコースに投げたくなるもの」とも言っていた。咀嚼《そしやく》して言えば、打たれない自信があるから、あえて甘めのコースにも投げている、というわけです。これについてはどう思われますか？

江夏　初球ちゅうのはね、ピッチャーにとって一番大切なボールなんだよ。最後に何を投げるかよりも難しい。

　だからオレは現役時代、とにかく初球の入り方にだけは気を使った。まぁ、野茂のボールに力があるうちは少々、甘くても通用するんやろうけど、いずれそうならない時がくる。

　もっとも今は、あれだけのボールが投げられるわけだから、余計なことを考える必要はない。どんどん力で押していけばええと思う。それが特権なんやからね。これは力のあるピッチャーにしかできんこと。

二宮　ピッチャーには大きく分けてふたつの思想があると思います。ひとつは81球の思想。これは全打者を3球三振に仕留めるという究極の力のピッチングです。そのいっぽうで27球の思想というものもある。これは1球で各打者を打ち取る、究極の頭のピッチング。バッターの狙いを読み、そこから数cm、あるいは数mm外したボールを意図的に投げることで、バッターを凡打に打ち取る。

江夏さんは若い頃、81球のピッチングを究め、晩年、クローザーに転向してから27球のピッチングを究めた。例の『江夏の21球』が、その典型ですね。お世辞ではなく、この両方を究めたピッチャーは江夏さんしかいない。

江夏　まぁ、今のふたつの思想は、いずれもピッチャーの理想像よ。でも今の野茂には、スライダーを引っかけさせてゲッツーをとるようなピッチングはやってもらいたくない。また本人も、やりたくないやろね。

だけど悲しいかな、いつか変わる時期が来ると思う。〝よし！〟と思ったボールが、それまではバッターを空振りさせていたのにチップされたり、上に上がったり、前に飛んだり……。衰えを感じざるをえなくなる。その時、野球に対して繊細な神経を持ったピッチャーは、思想で言えば、〝27球〟のほうに変わっていくんだ。その時の自分に満足できなくなるわけやからね。

やっぱり打たれたら悔しい。悔しかったら考えるしかない。昔の、球が速かった頃のイメージを大切にすることよりも、今、目の前にいるバッターを打ち取ることのほうが、ずっと大切なんやから。それはピッチャーとして当然のことじゃないかな。

二宮　でも野茂は「27球の思想に染まりたくない」と言っている。ロジャー・クレメンスのように、ちょっと力が落ちても真っ向から勝負を挑んでいきたいと考えている。ある意味では、それもひとつの生き方かもしれない。

江夏　だから今は、まだそういう考え方でいいわけよ。オレだって若い時はたとえばツーワンと追い込んだ後でも、1球遊ぼうとかいう発想はなかった。だけどボールに力がなくなり、相手の目をごまかしたり、タイミングを狂わしたりしないと、自分が生き残れなくなってくる。そこで、ピッチングの奥深さに気づかされるんだ。

もっとも、まだオレにはピッチングというものが、ようわからん。だからこの年になっても、まだ野球のことを考える。死ぬまでずっと、その繰り返しだろうと思う。

二宮　僕はピッチングというのは、それだけで芸術作品だと思うんです。抑えた試合もあれば、打たれた試合もある。その意味では江夏さんの投げた試合は、先発でもリリーフでも、すべてが作品なんです。

画家にとってキャンバスが表現の場とするなら、ピッチャーにとっての表現の場は、18・44mの空間。そこにはピッチャーのいろんな意思や感情が潜んでいる。あるいはバッターとの豊穣《ほうじょう》な会話がある。

　野茂の凄いところは、メジャー・リーグという異文化のキャンバスで、彼にしかできない作品をいくつも作り上げたというところだと思うんです。野茂の大リーグでの成功を、勝ち星や防御率、あるいは奪三振数でしか語ろうとしない向きもありますが、これではあまりにも寂しい。僕は、彼こそは真の意味での芸術家だと思っている。

江夏　オレもそう思うね。ピッチャーという生き物は、18・44ｍの空間にプラスして、43・2㎝のホームベースの幅で、どのような表現をしていくか。生涯、そこにこだわっていくものやと思う。

　野茂は、あの若さで早くもそのことに気づいている。これは素直に凄いことやと思う。オレの場合、それに気づいたのは、ずいぶん年をとってからやった。若い頃は力まかせに三振を取りにいってた。王さんや長嶋さんとの対決では、そこに意味を求めていた。

　ところが力が衰えてから、18・44ｍと43・2㎝を強く意識するようになった。そこからやろうね。オレのピッチングが芸術の領域に入っていったのは。

二宮　江夏さんはそう言いますが、若かりし頃の王さんや長嶋さんとの対決……あれは力対力の、血しぶきすら飛び散るような凄まじい芸術作品ですよ。額からはみ出してしまうようなね。力対力、技対技、頭対頭――江夏さんのアトリエには、すべての種類の作品が飾られている。

江夏　ただし、メジャーでの作品はオレにはない。オレはメジャーに勝負を挑んで負けた男。夢を果たすことができなかった。でも、その夢を野茂がオレに代わって果たしてくれた。オレにとって、野茂は心の神様だよ。ほかの誰よりも、オレはアイツに敬意を表したいと思っている。

恥をさらした野茂以外の日本人

二宮　初登板の数分前、キャンドルスティック・パークのブルペンで、野茂はキャッチボールをしていた。僕は、そのシーンを見ただけで胸が高鳴ってしまった。メジャー・リーガー相手に、対等の立場でキャッチボールをしている。夢なら醒《さ》めるなと思いました。

江夏　そう、キャッチボールというのはベースボールの原点なんだよ。映画『フィールド・オブ・ドリームス』の最後の場面で、オヤジが息子とキャッチボールをするやろう。オレはあの映画を何十回も見ているんやけど、最後のキャッチボールの場面になると、目頭が熱くなってきてしまう。

要するに、キャッチボールというのは、野球を愛する人間たちの言葉なんだよ。野茂はキャッチボールを通して、きっとメジャー・リーガーたちと心の会話を交わしていたんだろうね。

二宮　江夏さんね、僕が悲しく思ったのは、野茂の大リーグ行きを快く思わなかったり、足を引っ張る勢力があったことなんです。千葉ロッテ・マリーンズのゼネラル・マネージャー、広岡《ひろおか》さんにいたっては「大リーグは、そんなに甘いもんじゃない。なぁに、音《ね》を上げてすぐに帰ってきますよ」なんて、バカにした口ぶりで言っていた。

なぜ野球界の先輩として「頑張ってこいよ。ワシらの叶えられなかった夢を実現してくれよ」と、ひと言でも言えないのか。プロ野球界って、こんなにめめしい世界だったのかと思うと、愕然《がくぜん》としてしまった。

江夏　寂しいことだよね。まぁ、それについてとやかく言うつもりはないけど、どちらが正しかったかは、世間がわかっていることだよね。それに、もし仮に結果が出せなかったとしても、野茂が納得して取った行動なんだから、周りがとやかく言うことじゃない。ましてや足を引っ張るなんて、オレにはちょっと理解できないな。

二宮　トム・ラソーダ監督が「日本人はノモをもっと誇りに思うべきだ」と言ったでしょう。外国人にそう言われるなんて、僕は日本人として恥ずかしいと思う。

なぜ素直に、同胞の頑張りに対して拍手できないのか。揚げ足取りばかりするのか……。外国のマスコミは日本人のこうした〝生態〟を奇異に思っていますよ。

江夏　野球をやっている人なら、メジャーのマウンドに立っている野茂がどれだけ凄いことをしているのか知らないわけがない。誰もがやりたくって、できないことなんだからね。

言ってみりゃ、野茂のやったことは野球界の大革命だよ。アイツのおかげで、大リーグはじつに身近に感じられるようになったしね。そういう人間を尊敬しなくって、どうするって言うの？

二宮　まったく同感ですね。野茂はストライキ明けのメジャー・リーグを救い、人気低下気味の日本野球にも活気を呼び戻した。彼のおかげで、国民全体がメジャー・リーグに興味を持つようになり、ひいては国内のベースボールの底辺が広がった。

それに、阪神大震災にオウム事件。野茂のトルネード旋風がなかったら、昨年の日本の世相は真っ暗闇でしたよ。

野茂が教えた日米野球の違い

江夏　先にも言ったけど、オレはメジャーに勝負をしに行って敗れて帰ってきた人間。それだからこそ、メジャーの凄さを肌身にしみて知っている。

たとえば、こんなことがあったよ。日本の場合、練習が終わるとユニフォームとかの洗濯物をカゴの中に入れる。そこに入れておけば、係の人間が持っていってくれるからね。

ところがメジャーは違うんだ。ユニフォームやアンダーシャツを、みんなその場に脱ぎ捨ててしまう。カゴにさえ入れようとしないんだ。それでも係の人間が、それらをひとつひとつ拾い集めて、洗って返してくれる。

これが3Aだと、自分がカゴに持っていかなくちゃいけないとか、2Aでは自分で洗わなくちゃいけない、とかになっていくんだ。

つまりメジャー・リーガーは、それだけで特権階級ということなんだよ。だからこそ、すべての野球人が憧れ、尊敬する。メジャー・リーガーたちも自らの立場に誇りを持つ。

口ではうまく言えないけど、日本の野球とはすべてが違うんだな。

二宮　野茂も同じようなことを言っていました。メジャーと日本野球は、どこがどう違うのかと訊《き》くと、「何かが違う」って。「それは実際にメジャーのスタジアムに足を運んで、自分で感じるしかない」とも言っていた。

江夏　結局、そういうことなんだよ。プレーひとつとってみても、日本の選手とはどこかが違う。単にレベルの問題だけでは片づけられない話なんだ。さらに言えば、同じ大リーガーでも9月以降に試合に出てきた選手と、その前からいる選手とを一緒にしちゃいけない。9月以降は40人までベンチ入りできて、もうゴチャゴチャになっているからね。

チームによっては優勝から見放され、若手ばかりが試合に出ているところもある。だから日本に連れてくるにしても、9月以降の記録とそれ以前の記録とをゴチャ混ぜにしちゃいけないと思うんだ。そのあたりのことを、もっと日本のマスコミは正確に報じないとね。

二宮　それはサッカーについても同様のことが言えます。日本のマスコミは代表歴を書く時、どんな試合も同じようにカウントしますが、あるブラジルの選手は「代表にもワールドカップに出た選手、ワールドカップの予選を戦った選手、単なるエキシビションの試合に出た選手、の3通りがある」と言っていた。

言外に、本当の代表はワールドカップに出た選手であるというニュアンスが含まれていました。このあたりをきちんと選別して報道しないと、選手のステイタスや力量を見誤ってしまう。

江夏　要するに、肩書の中身が大切だってことだよね。メジャーで言えば、野茂はローテーション・ピッチャーとして、シーズンを通して戦った。ほぼ中4日できちんと先発し、あれだけの成績を残した。ここが凄いんだよね。勝敗に関係のないところで、ちょこちょこっと投げたのとはワケが違う。

二宮　その中4日のローテーションですが、日本では中5日、中6日が当たり前でしょう。ところがメジャーでは、どの球団もほぼ中4日で回転し、どのピッチャーもきちんとコンディションを仕上げてくる。スケジュールの過酷さを考えれば、日本のピッチャーのほうがはるかに恵まれているんですよね。

野茂は中4日でいかにして肩を作ってきたのか。このあたりのことも含めると、日本の野球界が野茂から見習う点は、たくさんあると思うんです。

江夏　オレの経験から言っても、若い頃は中4日で投げたほうが調子がいい。また育ち盛りのピッチャーは、数多くマウンドに上がることで、野球を覚えていくと思うんだよね。

その意味で、野茂が中4日で結果を出したことで、日本の野球界もローテーションについて考えるきっかけになるかもしれない。それに向こうのピッチャーは先発投手もほぼ全試合、ベンチ入りする。そうすることによって、一緒に戦っているという意識がより強くなっていくのかもしれない。

まぁ、そんなことを考えるようになったのも、野茂がメジャーで活躍してくれたおかげや。アイツはホンマに偉大だよ。

二宮　今年も活躍してほしいですね。

江夏　してほしいね。というか、するやろね。

二宮　野茂の2年目に期待しつつ……今日はどうもありがとうございました。

野茂英雄、96年メジャー全成績

4月3日　アストロズ戦

D	0	0	0	0	0	0	2	0	0	2
A	0	0	1	1	2	1	0	0	×	5

●4回⅔　被安打7　与四死球5　奪三振2　自責4

昨年ナ・リーグ新人王に輝いた野茂の初陣。初回先頭打者ハンターを3球三振、好スタートを切ったかに見えたが、アストロズ打線にボールを見られ、この回だけで22球。3回にはノーアウト満塁のピンチを招き、併殺の間に1点。フォークボールを捨て、狙い球を絞られた「野茂攻略」に、結局4失点。この日、初めて試合後の記者会見を拒否した。

4月8日　ブレーブス戦

B	0	0	0	0	0	0	0	0	0	0
D	0	0	1	0	0	0	0	0	×	1

○9回　被安打3　与四死球5　奪三振6　自責0

本拠地ドジャー・スタジアムでの開幕戦に、中4日で先発。相手は昨年のワールドチャンピオン、ブレーブス。5回まで5四球と制球に苦しんだが、6回以降は無四球。前半はストレート、後半はフォークを主体にした女房役のピアザの好リードにも支えられ、今季初勝利を挙げた。「リズムよく投げられた。低めにボールが集まったのもよかった」

4月13日　マーリンズ戦

M	0	0	1	0	0	0	0	0	0	1
D	0	0	1	2	0	0	0	0	×	3

○9回　被安打3　与四死球3　奪三振17　自責1

2年目のトルネードに4万6千のファンが酔いしれた。マーリンズ打線を3安打1失点に抑え、自己最多、毎回の17奪三振。ストライクが先行し、力のあるストレートとフォークが冴えた。「ボールを低めに集めることだけを考えた」と野茂、ウォラス投手コーチも「今日はコントロールがよかっただろ。安心していたさ」

4月20日　マーリンズ戦

D	0	0	0	0	0	3	0	0	1	4
M	3	1	0	0	2	1	0	0	×	7

●4回⅓　被安打7　与四死球2　奪三振6　自責4

ストレート狙いの戦法に出たマーリンズ打線。初回先頭のベラスに中前打、オアスラクにはライトスタンドに運ばれ、さらに3安打を浴びて3失点。2回にもシェフィールドに一発を浴びる。球威を欠き、「ボールが全体に高かった」

4月25日　アストロズ戦

A	0	2	0	0	0	0	0	2	0	4
D	0	0	2	2	1	0	0	1	×	6

○7回⅓　被安打6　与四死球3　奪三振4　自責4

前回KOされたアストロズ戦に先発。4点を失い8回に降板したものの、力強い打線の援護で今季3勝目を挙げた。この日ピアザは、メジャー通算500本安打を達成。野茂も今季初安打を放つ。

4月30日　ロッキーズ戦

R	1	0	0	0	0	1	0	0	2	4
D	0	0	2	0	1	4	0	0	×	7

○8回　被安打5　与四死球1　奪三振6　自責2

初回、先頭のヤングに初球をホームランされたものの、8回まで5安打1四球の好投でチーム最多の4勝目を挙げる。打線も6回のピアザ、キャロスの連続ホームランを含む10安打で7点を奪った。

5月6日　パイレーツ戦

D	0	0	3	0	0	2	0	0	3	8
P	0	0	0	2	0	0	0	2	0	4

○7回⅔　被安打8　与四死球2　奪三振5　自責4

モンデシー、ピアザのホームランで先行するも、球威をやや欠く野茂は8安打を浴び、1点差まで追い上げられる。9回ギャグニーのダメ押しの3ランが出て、野茂は本拠地ドジャー・スタジアム以外での今季初勝利。チームも3連敗を免れた。

5月12日　カージナルス戦

	1	2	3	4	5	6	7	8	9	計
D	0	0	0	2	0	0	1	0	2	5
C	0	0	0	2	0	2	0	2	×	6

●5回⅔　被安打9　与四死球2　奪三振6　自責4

被安打9のうちの8本がストレート。3回の投球中に右手親指を傷め、6回途中でマウンドを降りた。「もうストレートは通用しないと思わないか」との記者団の質問に、「そんなことはない」

5月17日　フィリーズ戦

	1	2	3	4	5	6	7	8	9	計
P	0	2	0	0	1	0	0	0	0	3
D	0	0	0	3	2	0	1	0	×	6

○7回　被安打8　与四死球1　奪三振9　自責3

初回3者三振の好発進。しかし2回、先制を許し、逆転した直後の5回にも追いつかれる展開。その裏2点を勝ち越すと、8回からは継投で逃げ切った。この日の勝利で野茂は、2年目にしてナ・リーグの対戦相手全13球団から勝ち星を挙げた。

5月22日　メッツ戦

	1	2	3	4	5	6	7	8	9	計
M	3	0	0	0	0	0	0	0	0	3
D	0	0	0	0	0	0	0	0	2	2

●6回　被安打6　与四死球2　奪三振8　自責3

昨年からの本拠地ドジャー・スタジアムでの連勝記録が6でストップした。初回に3点を失い、6回を投げ終えて降板。この日、3回にギルキーから奪った三振で、メジャー通算300奪三振を記録した。

5月29日　フィリーズ戦

	1	2	3	4	5	6	7	8	9	10	計
D	0	1	0	0	0	0	0	0	0	2	3
P	0	0	0	0	0	1	0	0	0	1	2

6回　被安打4　与四死球2　奪三振7　自責1

中6日の登板にもかかわらず、ストレートに切れがない。5回のピンチはフォークボールで切り抜けたが、6回1失点で降板。

6月4日　パイレーツ戦

P	0	0	0	3	0	0	0	0	0	3
D	0	0	0	0	0	0	0	0	0	0

●6回　被安打7　与四死球1　奪三振7　自責3

この日、ドジャー・スタジアムの観客は3万人を割った。4回、連打で先制を許し、押し出し四球などで3失点。3試合連続の6回降板となった。投球パターンが読まれており、それにどう対抗していくかという課題が残った。

6月9日　レッズ戦

R	0	0	0	0	0	2	0	0	0	2
D	0	1	0	0	0	0	0	2	×	3

○8回　被安打5　与四死球2　奪三振9　自責2

3試合勝ち星がなかったが、6回、グリーンに浴びた一発のみの失点で7勝目を挙げた。打つ方でもこの日の野茂は、二塁打2本の活躍。

6月15日　ブレーブス戦

D	0	0	5	0	0	1	0	0	0	6
B	0	0	1	0	0	0	0	1	0	2

○6回⅓　被安打5　与四死球1　奪三振6　自責1

初回ノーアウト一、二塁のピンチ。それを救ったのは球団史上47年ぶりの3重殺。7回ふくらはぎに痛みを覚えて降板したが、6－2で逃げ切った。「ショートの捕球がよかった。その後の野茂の投球は素晴らしかった」とラソーダ監督。

6月20日　アストロズ戦

A	2	0	0	0	0	1	0	1	0	4
D	0	0	2	0	0	0	0	0	0	2

●7回⅔　被安打6　与四死球2　奪三振8　自責4

初回ミラーから、今季通算100個目の三振を奪い、2年連続の100奪三振を記録。しかし6回、ナ・リーグの打点王バグウェルに今季2本目のホームランを、8回にはビジオに三塁打を浴びて降板。6敗目を喫し、オールスターゲームへの出場が微妙になってきた。

「立ち上がりはいろいろと工夫しているが、結果が悪いので言いようがない」

6月25日　カブス戦

C	0	0	1	0	1	0	0	0	0	2
D	0	0	0	0	0	0	0	0	0	0

●8回　被安打4　与四死球0　奪三振9　自責1

立ち上がりからストレートが冴え、好投したが、打線の援護がなく、球宴推薦には厳しい7敗目。「（球宴のことは）まったく考えていません。チームの勝ちのことだけです」

6月30日　ロッキーズ戦

D	0	0	5	1	4	1	0	1	3	15
R	0	1	3	4	1	1	2	2	2	16

5回　被安打9　与四死球4　奪三振9　自責5

強打のロッキーズ打線を相手に5回を投げ9盗塁9失点、いずれも自己ワースト記録でＫＯされる。ここまで8勝7敗、防御率は3・67と落ち込み、7月9日のオールスターゲームへの2年連続出場は絶望的となった。

7月5日　ロッキーズ戦

R	1	0	0	0	0	0	0	0	0	1
D	0	5	0	0	0	3	0	0	×	8

○8回　被安打5　与四死球1　奪三振9　自責1

前回ＫＯされたロッキーズを相手に、8回を1失点の力投で雪辱。初回バークスに二塁打で先制され、前回の悪夢が蘇りかけたが、2回以降はフォークで押し、5回ノーアウト一塁の場面でも宿敵ヤングをフォークでダブルプレーに打ちとった。今季9勝目、メジャー通算22勝目を挙げ、近鉄時代と合わせて１００勝を記録。「特にないですけど（野球を）辞めるときに数えてみたい」

7月13日　ジャイアンツ戦

G	0	1	0	0	0	1	3	0	2	7
D	0	0	0	0	0	0	0	0	0	0

●7回　被安打7　与四死球3　奪三振10　自責2

後半戦初登板。しかし2回ランプキン、6回ボンズにソロホーマーを浴び、7回にはM・ウイリアムズのホームランなどで3失点。4月13日のマーリンズ戦以来の久々の2ケタ奪三振も実らず、5失点で敗戦投手に。

7月18日　ジャイアンツ戦

D	0	0	0	0	1	1	6	0	0	8
G	0	1	0	0	0	2	0	0	0	3

○8回　被安打4　与四死球5　奪三振8　自責3

メジャー・デビューを飾ったスリーコム・パーク（キャンドルスティック・パークを改称）で先発。3点を失うものの、7回、味方の大量援護で2年連続の2ケタ10勝目を挙げた。

7月24日　マーリンズ戦

D	0	0	0	0	0	0	0	0	0	0
M	1	0	0	0	0	0	2	0	×	3

●7回　被安打3　与四死球1　奪三振5　自責3

不運がつきまとった一戦だった。試合地マイアミは気温31度、湿度65パーセントと蒸し暑く、おまけに味方打線のバットも湿り気味。マーリンズ打線を7回3安打に抑える好ピッチングだったが、失策も絡んで3点を献上、9敗目を喫した。「勝負を焦ることはなかった」と、7回に浴びたタイムリーを悔やんだ。

7月30日　マーリンズ戦

M	2	0	0	0	1	0	0	0	1	0	4
D	1	0	1	0	0	0	1	1	0	1×	5

7回　被安打5　与四死球3　奪三振5　自責3

試合前、前日勇退したラソーダ前監督の激励を受け、ラッセル監督率いる新体制での初戦に登板。初回、いきなりベラスに四球と盗塁を許し、2安打で2失点。

5回にも1点を失うが、7回3失点で勝ち負けには関係なくマウンドを降りた。試合は延長10回、2アウト一、三塁からパーカーのセンター前ヒットで、新生ドジャースのうれしいサヨナラ勝ち。

8月4日　ブレーブス戦

B	0	1	0	0	1	1	0	1	2	6
D	0	0	0	0	2	1	1	0	0	4

7回　被安打9　与四死球4　奪三振7　自責3

3回表2アウトから3連続四球で満塁のピンチ。打席には6番ダイ。カウント2－1に追い込んで、宝刀フォークを外角に決め、見事三振に。これがメジャー通算400個目の三振となった。結局7回を9安打3失点で降板。「リードして交代できたから、それだけで満足」

8月10日　レッズ戦

D	4	1	0	0	0	2	0	0	0	7
R	0	0	0	0	0	4	1	0	0	5

○5回⅔　被安打3　与四死球7　奪三振5　自責4

序盤に5点の援護を受けたが、6回、ヒットと2四球のノーアウト満塁から昨季ダイエー・ホークスに在籍していたミッチェルの犠牲フライで1点を許し、デービスには3ランを浴びて4失点で降板。しかしチームはレッズの反撃を継投でかわして逃げ切り、4試合ぶりの11勝目。

8月15日　カージナルス戦

D	0	2	1	0	0	1	1	0	0	5
C	1	0	0	0	0	0	1	0	0	2

○8回　被安打4　与四死球0　奪三振10　自責2

「コントロールを意識した」と言う野茂は、切れの戻ったストレートを主体に、フォークも効果的に決まり、今季3度目、6試合ぶりに2ケタ10三振を奪う。バットも好調で、2回1アウト満塁の場面でのタイムリー内野安打を含め、4打数2安打。チームはナ・リーグ西地区の首位に立った。

8月21日　フィリーズ戦

P	0	2	0	0	0	0	3	1	0	6
D	0	0	0	0	0	0	0	0	0	0

●6回⅔　被安打7　与四死球1　奪三振6　自責3

7回までシリングと投げ合うが、失策がらみの失点もあり敗戦投手に。10敗目について「べつに10敗したからといってメジャー生活が終わるわけではないし……」と憮然《ぶぜん》。

8月27日　エクスポズ戦

D	0	0	0	3	2	0	0	0	0	5
E	0	0	1	0	0	0	0	0	0	1

○7回　被安打6　与四死球4　奪三振6　自責1

3回、敬遠1を含む4四球に3盗塁が絡んだが、失点1に食い止めた。女房役のピアザは2度走者を刺すなど、バットではなく守りで援護。「今日はピアザですよ。冷静なリードに救われました」これで昨年の勝ち星に並ぶ13勝。

9月1日　フィリーズ戦

D	0	0	1	0	0	0	0	2	0	3
P	0	0	0	0	1	0	0	5	×	6

7回　被安打5　与四死球2　奪三振6　自責1

立ち上がりからストレートが走り、最高速は147キロをマーク。失投は5回裏マギーにソロホーマーを浴びた真ん中高めのストレートのみ。しかし7回にはそのマギーから、今季通算200個目の三振を奪う。新人の年から2年連続の200奪三振は、ナ・リーグでは84、85年のグッデン以来の快挙。「試合に勝ちたかった。（今日の気持ちは）それだけです」

9月7日　パイレーツ戦

	1	2	3	4	5	6	7	8	9	計
P	0	0	0	0	0	0	0	0	3	3
D	0	0	0	0	0	1	0	3	×	4

○8回⅔　被安打4　与四死球3　奪三振9　自責3

8回まで3安打無失点の好投。9回2死から4番ジョンソンにストレートをセンター前に運ばれ、次のキンガリーに四球を与えたところで降板。完封こそ逃したものの、昨年を上回る14勝を挙げた。

9月12日　カージナルス戦

	1	2	3	4	5	6	7	8	9	計
C	0	0	0	0	0	1	0	0	0	1
D	0	1	1	0	2	0	0	0	×	4

○8回　被安打2　与四死球4　奪三振6　自責1

最近4試合の防御率は1・76と安定。伸びのある速球と勝負どころではフォークを落とす。6回1死まではノーヒットに抑えた。「ストレートは今まで対戦した中で一番速かったのではないか」とカージナルスのラルッサ監督も驚きの弁。

9月17日　ロッキーズ戦

	1	2	3	4	5	6	7	8	9	計
D	0	2	1	0	0	2	0	1	3	9
R	0	0	0	0	0	0	0	0	0	0

○9回　被安打0　与四死球4　奪三振8　自責0

海抜1600メートルの高地に位置し、気圧の関係でボールがよく飛ぶ投手泣かせのクアーズ・フィールド。ノーヒットノーランなど不可能といわれていた。しかし、野茂は不可能を可能にした。雨で開始が2時間遅れ、気温は10度を下回った。マウンドが軟らかく、3回からはトルネードを捨て、セットポジションに切り替えた。球速が走り、フォークもうまく落ちる。9回、最後の打者バークスのバットが、110球目の真ん中から鋭く落ちるフォークに空を切った。その瞬間、スタンディング・オベーションは絶頂に達した。ノーヒットノーラン達成の奇跡が起こったのだ。投球内容は三振8、内野ゴロ8、内野飛球3、外野飛球7、盗塁刺1、四球4。「9回になって初めていけそうだと思った。不可能だとは思わなかった」

9月22日　パドレス戦

D	0	0	0	1	0	0	0	1	0	2
P	0	0	0	0	3	0	0	0	×	3

●5回¾　被安打7　与四死球3　奪三振3　自責3

ナ・リーグ西地区で優勝を争っているパドレス戦に先発。5回1死からフィンリーの2ランを含む連続長打を浴び、6回からマウンドを譲った。連勝は4でストップ。なお、16－22日の週間最優秀選手に選ばれ、今季4月についで2度目、通算3度目の受賞となった。

9月28日　パドレス戦

P	0	0	0	0	0	2	0	2	0	4
D	0	1	1	0	0	0	0	0	0	2

6回⅔　被安打7　与四死球4　奪三振7　自責2

序盤2点のリードをもらいながら、6回に4連打を浴びて追いつかれ、同点の7回、2死一、二塁のピンチを残して降板となった。16勝11敗の成績でメジャー2年目で全日程を終了。

10月5日　ブレーブス戦（プレーオフ）

D	0	0	0	0	0	0	1	1	0	2
B	1	0	0	4	0	0	0	0	×	5

●3回⅔　被安打5　与四死球5　奪三振3　自責5

チームはここまで2連敗。リーグ優勝決定戦進出に1敗もできない第3戦に先発。4回途中まで投げ5失点、今季最短のKO降板となった。この日のトルネード・フォームには切れがなく、制球も定まらなかった。

集英社文庫

ドジャー・ブルーの風《かぜ》

2024年3月25日　第1刷　　　定価はカバーに表示してあります。

著　者　野茂英雄《のもひでお》
発行者　樋口尚也
発行所　株式会社　集英社
東京都千代田区一ツ橋2-5-10　〒101-8050
電話　【編集部】03-3230-6095
【読者係】03-3230-6080
【販売部】03-3230-6393(書店専用)
印　刷　TOPPAN株式会社
製　本　加藤製本株式会社

フォーマットデザイン　アリヤマデザインストア　　　マークデザイン　居山浩二

ISBN978-4-08-744632-6 C0195